AI+로봇

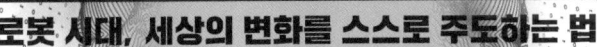
로봇 시대, 세상의 변화를 스스로 주도하는 법

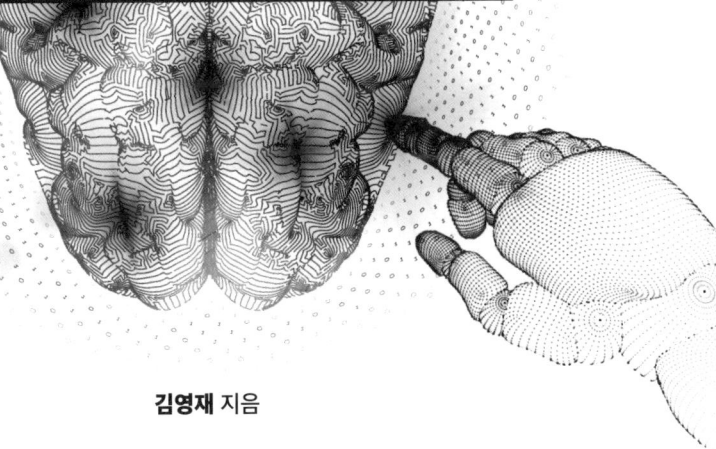

김영재 지음

AI+로봇

로봇 시대, 세상의 변화를 스스로 주도하는 법

김영재 지음

목차

들어가는 글 ·· 6

로봇은 세상을 어떻게 해석하는가 ················ 14
   맥락 고려하기 ·· 17
   고맥락 해석의 단점 ································ 35
   주관主觀과 객관客觀 ······························ 50
   AI가 저맥락 해석을 하는 이유 ················ 66
   과학 기술의 진보 ···································· 73

AI는 정의로울까? ···································· 78
   저맥락 사회로의 변화 ····························· 82
   정의正義로움이란? ································· 92
   수구守舊에 대한 고찰 ···························· 106

AI는 천재가 될 수 있을까? · 118
남이 보지 못 하는 것을 보는 사람들 · · · · · · · · · · · · · · · 123
인간 천재의 특성 · 135
유의미한 재조합 · 147
자유의지 · 161
AI+로봇 시대를 위한 자기 계발 · · · · · · · · · · · · · · · · · · 173

AI+로봇 · 188
AI+로봇 · 192
로봇 앞에 선 인간 · 210

나가는 글 · 234

들어가는 글

바벨탑 이야기

> "여호와께서 이르시되 이 무리가 한 족속이요 언어도 하나이므로 이같이 시작하였으니 이후로는 그 하고자 하는 일을 막을 수 없으리로다. 자, 우리가 내려가서 거기서 그들의 언어를 혼잡하게 하여 그들이 서로 알아듣지 못하게 하자 하시고, 여호와께서 거기서 그들을 온 지면에 흩으셨으므로 그들이 그 도시를 건설하기를 그쳤더라"
>
> (창세기 11:6~8)

바벨탑 이야기를 다룬 성경 구절입니다. 인간들이 감히 하늘에 닿아 보겠다고 탑을 높이높이 쌓자 하느님이 노하시어 인간들에게 다른 언어를 쓰게 하여 서로 싸우게 함으로써 탑 건설을 중단시켰다는 얘기라고 사람들은 알고 있습니다. 필자도 어렸을 때 이 내용을 어린이 동화책에서 본 기억이 있습니다.

그런데 가만히 보면 이 얘기에 이상한 점이 있습니다.

사람들은 단지 언어가 다르다는 이유로 서로 다투지 않습니다. 한국어를 쓰는 사람과 영어를 쓰는 사람은 오히려 서로 이해를 못 하기 때문에 갈등이 생길 소지조차 없습니다. 쓰는 언어가 완전히 다르면 그만큼 서로에 대한 기대치도 낮아집니다. 애초에 기대치가 낮은데 다툴 일이 있을까요? 우리는 집에서 기르는 개나 고양이와 말이 통하지 않지만 더 아껴주고 잘 지냅니다. 말이 잘 통하지 않는 외국인 며느리를 둔 집안에서는 고부갈등이 적다는 사실도 우리에게 많은 것을 생각하게 합니다.

그렇다면 사람들은 언제 감정적으로 다투게 되는 것일까요? 우리 주위에서 다툼이 있는 상황을 보고 곰곰 생각해보면 사람들은 오히려 '같은 언어를 쓰지만 단어를 서로 다른 뜻으로 사용할 때' 갈등이 생긴다는 것을 알 수 있습니다. 많은 사람들은 자신이 쓰는 단어의 정의를 스스로 정확히 서술할 수 없으면서 단지 '알고 있다'는 느낌만으로 사용하곤 합니다. 이렇게 되면 사실 남들과 미묘하게 다른 뜻으로 쓰고 있을 가능성이 높은데, 그 미묘한 차이가 갈등을 일으킬 만한 상황에서 사람들은 다투게 됩니다.

예를 들면,

"밥 한 번 먹자!"가 어떤 사람에게는 단순히 헤어지는 인사일 수도 있고, 어떤 사람에게는 간단히 점심 식사를 하자는 뜻일 수도 있고, 어떤 사람에게는 거한 술자리일 수도 있습니다.

"따뜻한 아메리카노"가 어떤 사람에게는 미지근한 커피이고 어떤 사람에게는 뜨거운 커피일 것입니다.

어떤 사람은 민주주의를 '소수 의견까지 포용하여 합의하는 의사 결정 형태'라고 생각하고, 어떤 사람은 '다수결의 원칙'과 동의어로 생각합니다.

"책임지겠다"는 말을 사퇴한다는 뜻으로 쓰는 사람도 있고, 책임지고 일을 끝까지 마무리한다는 뜻으로 쓰는 사람도 있을 것입니다.

미국에서 버락 오바마가 대통령이었던 시절, 한 TV 프로에서 "Affordable health care"와 "Obama care"에 대한 설문 조사 결과를 방송한 적이 있습니다. 이 둘이 정확히 같은 것인데도 불구하고, "Obama care"라고 했을 때 공화당 지지자들이 더 많이 반대한다는 것이었습니다.

이러한 예는 무수히 많이 있습니다. 그러니까 사람들은 다른 언어를 쓰는 사람과 싸우는 것이 아니고, 자기가 쓰는 단어의 뜻이 남과 달라서 '스스로 말이 안 통한다고 느끼는 사람과 싸운다'고 할 수 있습니다. 같은 단어를 상대방과 다른 뜻으로 사용하고 있는데 어떻게 말이 통할 수 있을까요? 바로 이것이 바벨탑 이야기에서 나온 '하느님이 사람들의 언어를 혼잡하게 하여 서로 알아듣지 못하게' 한 방식입니다.

언어로 인한 갈등이 만들어진 상황에서 한 쪽이 먼저 자신이 쓰는 단어의 정의를 명쾌하게 밝힌다면 오해가 풀어질 수도 있습니다. "당신과 내가 하나의 단어를 다른 의미로 쓰고 있는 것 같은데, 나는 이런 의미로 쓰고 있다~"라고 말이지요. 상대가 이 정의를 받아들여 이해하면 그 갈등은 종결됩니다. 하지만 상대가 이를 받아들이지 않고 화를 내거나 합의를 거부하면 감정적인 다툼이 시작될 수 있는 것입니다. 사실 많은 경우 상대가 화를 내는 이유는 자신조차도 자신이 쓴 단어의 정의를 정확히 알고 있지 못하기 때문입니다.

영화 "변호인"을 보면, 송우석 변호사(송강호 扮)가 차동영 경감(곽도원 扮)에게 "당신이 말하는 국가란 무엇입니까?"라고 묻는 장면이 있습니다.

송변호사: 학생과 시민 몇 명이 모여서 책 읽고 토론한 게 국보법에 위반에 해당하는 지 안 하는지 증인은 뭘 보고 어떻게 판단했습니까? 판단 근거가 뭡니까?
차 경감: 내가 판단하는 것이 아니고, 국가가 판단하는 것입니다.
송변호사: 국가? 증인이 말하는 국가는 무엇입니까?

이 때 만약 차 경감이 자신이 말한 국가가 무엇인지 그 정의를 차근차근 설명했다면 두 사람은 재판정에서 오해가 풀리고 영화는 훈훈한 결말을 맞았을 지도 모릅니다. 하지만 차 경감은 오히려 적반하장으로 이렇게 큰소리 치며 되묻습니다.

차 경감 : 변호사라는 사람이 국가가 뭔지 몰라?!

이에 송변호사는 격분하며 자신이 생각하는 국가의 정의를 말해 줍니다.

송변호사 : 압니다. 너무 잘 알지요. 대한민국 헌법 제1조 2항. 대한민국 주권은 국민에게 있고, 모든 권력은 국민으로부터 나온다. 국가란 국민이란 말입니다!

차 경감의 발언은 다분히 인신공격적이었고 대화의 주제와 상관없는 논점 일탈의 질문이었습니다. 안타깝지만, 우리의 일상 생활에서도 자주 접하게 되는 장면입니다.

그렇다면 오해의 여지를 최소화하면서 소통할 수 있는 방법에는 어떤 것이 있을까요? 그것은 바로 맥락을 유추할 필요가 없는 저맥락 언어들low context languages을 쓰는 것입니다. 이런 언어들은 정의에서부터 차근차근 쓸 수밖에 없도록 강제되기 때문에 상대방과 오해가 생길 소지가 매우 줄어들게 됩니다. 차 경감의 방식으로는 대화가 어렵습니다. 저맥락 언어의 예로는, 수학 공식이나 통신 프로토콜, 소프트웨어 코드 등을 들 수 있습니다. 사람이든 기계든 간에 이런 언어를 써서 서로 대화한다면 해석의 불일치로 인한 문제가 생길 일이 줄어들고 자연스럽게 상호 협력이 수월해집니다. 다수가 당면한 공통의 문제를 두고 집단지성을 발휘하여 해결하기 쉬운 환경이 조성됩니다.

연구자들이 논문에서 수학 기호를 사용하여 문제를 정의하고 풀어 나감으로써 자신의 생각을 교류하면서 학문을 발전시켜 온 것을 주요한 예*로 들 수 있습니다. 혼동을 줄이기 위해 첨언하자면, 저맥락 언어를 사용하면 내용을 전달함에 있어 오해의 여지가 적어진다는

---

* 논문도 대부분 인간의 언어로 쓰여져 있기 때문에 오해가 여지가 전혀 없을 수는 없습니다. 그래서 '잘 쓴 논문'이란 논점과 해결책이 명확히 서술된 논문을 말합니다.

것이지 그렇게 쓰여진 내용이 더 정확하다거나 사실과의 오차가 적어지는 것은 아닙니다. 오히려 틀린 내용은 '그것이 틀렸다'는 메시지가 남들에게 오해없이 전달될 수 있으므로 새로운 해결책을 찾는 기회를 열어 주기 때문에 학문을 발전시키는 중요한 도구가 됩니다.

이렇게 본다면 앞에서 언급한 창세기의 성경 구절은 인간의 오만함에 대한 경고라기보다는 사실 인간들이 이런 저맥락 언어를 쓰면서 서로 협력하여 탑을 쌓는다면 여호와조차 이들이 하고자 하는 일을 막을 수 없을 정도로 대단한 일을 할 수 있다는 점을 예언하고 있다고 보는 편이 더 적절할 것입니다.

인류는 그동안 이런 방식으로 자연을 이해하면서 발전을 거듭해 왔습니다. 그 발전 속도는 가히 기하급수적이어서 과거에는 수백 년 역사를 뒤돌아 보아야만 발전을 체감할 수 있었지만 이제는 한 사람의 일생 안에서도 몇 번씩 패러다임이 바뀔 만큼 빨리 변하는 시대가 되었습니다. 인공지능의 등장으로 이 속도는 더욱 빨라질 것으로 예상됩니다. 불과 10년 전만 하더라도 경우의 수가 너무 많아서 바둑 분야에서는 기계가 사람을 절대 이길 수 없을 거라고 했지만, 이제 그 누구도 AI보다 바둑을 잘 둔다고 말하는 사람은 없습니다. 요새는 자연적으로 존재하는 파괴 메커니즘인 암까지 중성자 치료로 이겨내기도 하고 인간 노화의 기작을 밝혀내어 수명을 늘리려 하기도 합니다. 정말 '신도 이들이 하고자 하는 일을 막을 수 없다는 것'이 무엇인지 알 수 있는 시대가 되었다 해도 과언이 아닙니다.

이 책에서 필자는 어떻게 로봇이 사람보다 과학 기술을 더욱 더 빨리 발전시킬 수 있을 지, 그리고 그 결과 사회는 어떻게 변할 것인지 설명해 보고자 합니다. 로봇이 세상을 바라보는 관점부터 시작하여 우리가 "인간미 없다"고 조롱하기도 하는 이런 관점에는 어떤 장점이 있는지, 그리고 별 것 아닌 것 같았던 그 장점이 알고 보면 세상의 진보를 일으키는 핵심이라고 할 정도로 얼마나 대단한 것인지 철학적 고찰도 해 보고자 합니다. 이미 역사 속의 많은 현자들은 이 점을 통찰하고 많은 명언을 남겨 놓았습니다. 그런 명언들도 기회가 될 때마다 하나씩 소개해 보도록 하겠습니다.

우리는 'AI+로봇 시대'로 대변되는 초고속 발전 시대를 피할 수 없습니다. 그리고 한 편으로는 인류의 두뇌로 해결하지 못하는 난제를 풀기 위해 AI+로봇 시대는 반드시 필요하다고 할 수도 있습니다. AI+로봇이 사고하는 법을 이해하면 로봇 시대에서 우리가 어떤 생각을 하고 어떤 일에 집중해야 하는지 더 명확해질 것입니다.

AI는
세상을 어떻게
해석하는가

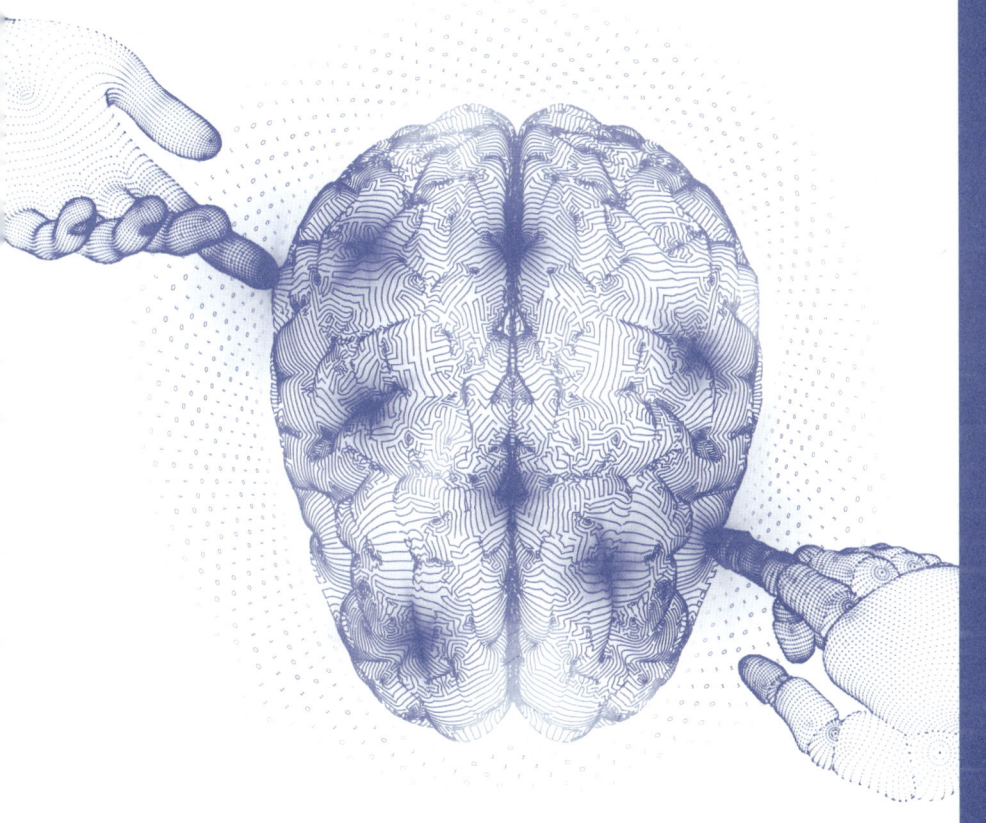

AI+로봇

맥락 고려하기

고맥락과 저맥락

AI가 세상을 해석하는 방식의 핵심 키워드는 저맥락^{low context}입니다. 사람들은 일상에서 보통 맥락^{context}을 고려하여 언어 생활을 합니다. 남이 한 말을 듣고 화자가 지금까지 대화 중 취한 태도, 자신과 화자와의 관계, 화자가 처한 환경, 화자의 언어 습관 등을 종합적으로 고려하여 '화자의 의도를 미루어 짐작'하는 해석을 합니다. 그래서 상대방이 명확히 얘기하지 않거나 논리적으로 틀린 얘기를 하더라도 문맥상 중요하지 않으면 무시하고 화자의 의도대로 이해할 수 있습니다. 회사에서 아침마다 커피를 내려 마시는 습관이 있는 사람이 아침에 "물을 끓여 달라"는 부탁을 했다면 우리는 당연히 커피 포트에 물을 끓여 달라는 요청으로 이해합니다. 대야에 목욕물을 받아준다면 이 사람은 매우 황당해 할 것입니다. 이렇게 맥락을 고려한 해석 방식은 우리의 언어 생활을 효율적으로 만들어 주었습니다. 같은 정보를 전달하기 위해 상대방에게 더 적은 단어만 말해도 되기 때문입니다. 이런 맥락을 알아내는 것은 하나의 능력이라고 할 수 있고, 실제로 대입 수험생이 치르는 언어 능력 시험에서도 문맥을 얼마나 잘 캐치하는가에 초점이 맞추어져 있기도 합니다.

이에 반해, 법조문이나 계약서는 최대한 맥락을 배제하고 명료하게 쓰여져야 하고, 읽는 사람도 그렇게 해석해야 합니다. 만약 이런 문서가 비유적이거나 중의적으로 애매하게 쓰여 있다면 갈등이 생겼을 때 이해당사자들은 서로에게 유리한 방향으로 해석하려고 할 것이기 때문입니다. 예를 들어, 상속법에 '사람이 사망한 후 그 유산은 망자와 친한 사람들에게 골고루 나눠준다'고 나름 훈훈하게(?) 쓰여져 있다고 해 봅시다. 억만장자가 사망한 후 이 사람의 가족들은 물론이고, 직장 동료, 사돈의 팔촌, 길 가다 인사 한 번 나눈 적 있는 사람들까지 모두 끝도 없는 분쟁에 휘말리게 될 것입니다. "친한 사람"의 경계가 매우 불분명하기 때문입니다. 그래서 이런 공식 문서는 최대한 경계가 명확하도록 써야 하고 설사 그 내용에 불공평한 부분이 있다 하더라도 최대한 무미건조하게 있는 그대로 해석해야 합니다. 상황에 따라 다르게 적용한다면 그 문서를 만든 이유부터 사라질 수 있습니다. 위에서 든 가상의 상속법 예에서 보듯, 애매한 법조항은 애초에 존재하지 않느니만 못하게 될 수도 있습니다. 저런 법이 없다면 불필요한 법적 분쟁도 일어나지 않을 테니까요. 그래서 법조문이나 계약서는 문자 하나 하나가 매우 중요합니다. 회사에서는 외부 기관과 계약을 맺기 전에 이런 일에 익숙한 사람들에게 먼저 문서를 검토하는 절차를 두어 미래에 발생할 수 있는 분쟁을 미연에 방지하기도 합니다. 이런 해석법을 저맥락 해석이라고합니다. 문서를 해석함에 있어 최대한 그 문서에 쓰여져 있는 단어만 보고, 전후 관계 및 상황에 미루어 짐작하지 않는다는 의미입니다.

이런 저맥락 해석의 극단에 있는 언어가 있는데, 대표적으로 예가 바로 컴퓨터가 쓰는 프로그래밍 언어입니다. 컴퓨터는 자신에게 주어진 명령을 말 그대로 '있는 그대로^{literally}' 해석합니다. 이 때는 단어 하나뿐만 아니라 부호 하나까지 매우 중요한 의미를 갖습니다. 컴퓨터가 받은 명령어는 내부적으로 0과 1로 이루어진 기계어로 번역되어 실행할 수 있는 형태가 됩니다. 이때 단 하나의 문자라도 잘못되어 0이 1로 바뀌어 버린다면 결과가 어떻게 될지 컴퓨터는 알 수가 없습니다. 그렇기 때문에 인간이 준 명령어에서 매우 사소한 잘못 하나가 발견되더라도 컴퓨터는 그동안 전후 관계에 비추어 미루어 짐작하지 않고 '나는 이해할 수 없다'는 에러 메세지를 만들어 냅니다.*
법조문이 아무리 저맥락이라 하더라도 여전히 인간의 언어이기 때문에 이렇게 프로그래밍 언어를 쓰는 AI만큼 고지식하지는(?) 않을 것입니다. 법조문에 실수로 '할 ㅅ 있다' 라는 오타가 있더라도 우리는 그것이 '할 수 있다'임을 무리없이 이해할 수 있지만, 프로그래밍 언어는 점 '.' 하나도 잘못 찍으면 안 됩니다. 이렇게 고맥락 해석과 저맥락 해석은 둘 사이에 명확한 경계가 있다기보다는 상대적인 개

---

* 프로그래밍 언어에도 다양한 종류가 있어 맥락을 고려하는 정도가 다릅니다. C, Assembly와 같은 언어는 기계어와 가까워 더 저맥락적이고, Python, Perl과 같은 언어는 변수의 타입 따위를 맥락을 고려해 추측하기도 합니다.

념이라고 할 수 있습니다. 법조문 해석은 일상적인 언어 생활에 비해서는 저맥락적이지만, 프로그래밍 언어에 비한다면 매우 고맥락적입니다.

저맥락 해석과 고맥락 해석 중 어느 것이 더 좋다고 할 수 있을까요? 얼핏 고맥락의 해석이 더 우월한 것으로 보일 수 있습니다. 화자가 말하고자 하는 바를 알기 위해 단순히 그 문장뿐만 아니라 주변 상황을 더 복합적으로 이해하는 능력이 수반되어야 하기 때문입니다. 그리고 그렇게 한 짐작이 맞다는 가정 하에 매우 효율적인 대화가 가능합니다. 그렇기 때문에 사람들은 타인과의 관계에서 '행간을 읽는 능력'이 중요하다고 말합니다. 이 능력이 부족한 사람들에게 '눈치가 없다'며 핀잔을 주기도 합니다.

아래는 "개발자만 웃을 수 있는 유머"라고 인터넷에 떠돌던 글입니다.

어느 개발자가 퇴근길에 아내에게 전화를 걸었다.
개발자: 여보 나 지금 퇴근. 집에 가는 길에 마트 들를 건데 뭐 사다 줄까?
아　내: 우유 두개 사와.
개발자: 그리고?
아　내: 만약 마트에 달걀이 있으면 여섯 개 사다 줘.
귀가한 개발자, 아내에게 우유 여섯 개를 건넨다.
아　내: 왜 이렇게 우유를 많이 샀어?
개발자: 마트에 달걀이 있길래..

아내 말의 맥락을 고려하지 않고 '만약(if) 마트에 달걀이 있다면, then (우유를) 여섯 개 산다'고 컴퓨터 프로그래밍하듯 행동한 개발자는 집에서 아내로부터 고지식하다고 편잔을 들었을 것입니다.*

저맥락의 힘

고맥락 해석은 효율적인 대화를 가능케 하지만, 그 짐작이 틀렸을 때 화자가 의도하지도 않은 정보가 잘못 전해질 수 있다는 단점이 있습니다. 소위 '과도하게 행간을 읽는 문제'입니다. 아래 대화를 예로 들어보겠습니다.

> A : 어디 갔다 와?
> B : 왜? 난 쇼핑도 못 해?

만약 위의 대화가 자연스럽게 느껴졌다면 아마도 다음 같은 대화 패턴을 반복적으로 경험하여 학습되었기 때문일 것입니다.

> A : 어디 갔다 와?
> B : 쇼핑 갔다 왔어.
> A : 뭐 그렇게 밖으로 돌아다녀?

---

* 사실 이 얘기에서도 사람인 개발자는 고맥락 해석을 했다고 할 수 있습니다. 아내는 무엇을 여섯 개 사 오라고 말하지 않았는데, 본인이 지레짐작으로 우유를 사 왔기 때문입니다. 컴퓨터라면 '목적어가 없는 명령'이라며 에러를 출력했을 것입니다.

B: 왜? 난 쇼핑도 못 해?

하지만 단순히 B가 어디에 갔다 왔는지 궁금해서 물어봤던 A라면, B의 반응에 당황할 수밖에 없을 것입니다. 과도한 고맥락 해석의 또 다른 문제는, 이렇게 정보가 한 번 잘못 전달되었을 때 사후에 이를 복구하는데 갑절의 노력이 들어간다는 것입니다. 왜냐하면 이 복구과정에서도 B는 여전히 과도하게 고맥락 해석을 할 것이기 때문입니다. 누구나 언어 생활을 하면서 사람들과의 오해가 한 번 생기면 쉽게 풀리지 않는 경험을 해 봤을 것입니다. 아래처럼 말이지요.

A: 어디 갔다 와?
B: 왜? 난 쇼핑도 못 해?
A: 아니 안 보이길래.
B: 왜? 식탁 안 치울까봐?
A: 아니 그건 내일까지 해도 돼.
B: 왜? 내일 집에 누구 와?
A: 아니 내일 아침에 밥은 먹어야 하니까.
B: 왜? 밥 안 할까봐?
A: …

'미루어 짐작하여 상대방이 말하지도 않은 숨은 의도를 알 수 있다'는 것은 그만큼 화자와 청자 사이에 공통의 관념이 전제되어 있다는 말입니다. 그 공통된 관념을 기반으로 우리는 서로 말을 하지 않아도 마음이 통하는 이심전심以心傳心의 현상을 경험할 수 있습니다. 이 공통된 관념은 가정이나 직장처럼 같은 환경에서 생활하며 서로에게 학습되어 생성될 수도 있고 한 사회에서 오래도록 전해 내려오는 문화일 수도 있습니다.

사람은 이렇게 몇 번의 반복된 상황을 경험하면 쉽게 일반화하는 습성이 있습니다. 하지만 이런 일반화가 완벽할 수는 없습니다. 얼핏 비슷해 보이지만 사실은 전혀 다른 의미를 갖고 확장되는 경우가 많다는 것이 문제입니다. 가까운 사이일수록 감정적인 다툼이 잦을 수 있는 것은 이 때문이기도 합니다. 상대와 공통된 관념이 있을 거라는 전제 하에 대화를 했는데 그 전제가 항상 들어맞지는 않기 때문입니다. 그 때 위의 예와 같은 오해가 생기기 쉽습니다. B의 머리 속에 있는 A는 B가 쇼핑 갔다 온 사실을 알았을 때 잔소리를 할 거라고 일반화된 사람입니다.

성급하게 일반화된 공통의 관념들은 크든 작든 논리적 비약을 포함할 수밖에 없습니다. 그래서 그것이 과학적으로 증명되기 전까지는 '고정관념'에 불과하다고 밖에 할 수 없습니다. 같은 고정관념을 가진 사람들끼리 대화한다면 그 부분을 전제로 깔고 굳이 얘기하지 않아도 되므로 더 효율적인 의사 소통이 가능합니다. 그리고 동일한 상황이 반복될수록 '과학적 근거 없이 몇 번의 패턴만으로 일반화된 생각'들은 더욱 확고해집니다. 사람들은 이렇게 고정관념을 가지게 됩니다.

재밌게도 이 현상을 거꾸로 보면 매우 중요한 개념이 도출되어 나온다는 것을 알 수 있습니다. 그것은 바로 저맥락 해석이 '우리가 가진 고정관념을 탈피하게 하는 도구'가 된다는 것입니다. 문장을 맥락 없이 해석하면 상대방과 내가 가지고 있는 공통된 관념보다는 단어 자체가 가진 고유한 뜻에 집중할 수밖에 없습니다. 항상 쓰던 단어의 어원을 따지다 보면 몰랐던 의미를 알기도 하고, 수학 문제의 풀이 과정에서 새로운 의미를 깨닫는 경험을 해 본 독자가 있을 것입니다. 특히 과학적인 도구를 사용하여 측정한 데이터는 저맥락으로 해석할 수밖에 없는 자료들입니다. 우리는 아프리카는 당연히 덥고 북극은 추울 것이라는 고정관념을 가질 수 있지만, 케냐의 연중 최고 기온이 30도가 안 된다는 자료를 본다든가 북극의 여름 기온이 3-7도에 이른다는 것을 보고 고정관념이 깨지는 신선한 경험을 하기도 합니다. 돼지의 평균 체지방률이 근육질 남성에 해당하는 ~15%에 이른다는 데이터가 없다면 사람들은 돼지를 계속 '뚱뚱한 동물'이라고 생각할 것입니다.

이렇게 저맥락은 기본적인 것까지 일일히 설명함으로써 얼핏 비효율적으로 보일 수 있지만 우리가 고정관념 때문에 당연하게 생각하고 넘어감으로써 보지 못 하고 있던 세상을 볼 수 있게 해 준다는 장점이 있습니다. 사람들은 고정관념이 안 좋다고만 알고 있지 어떻게 버려야 하는지에 대해서는 모르는 경우가 많습니다. 고정관념은 그 관념을 뇌에서 지우겠다고 결심한다고 버릴 수 있는 것이 아니고, 저렇게 의식적으로 저맥락 해석을 함으로써 자연스럽게 극복될 수 있습니다. 그리고, 고맥락 해석과는 달리, 대화 도중에 정보가 혹여 잘못 전달되더라도 이를 복구하는 데 드는 시간과 노력이 크지 않습니다. 오해가 생기면 그 단어의 정의부터 다시 얘기하면 되기 때문입니다.

이런 이유로 저맥락 해석은 공적인 업무를 한다거나, 새로운 개념을 남에게 가르친다거나, 새로운 분야를 연구하는 데에 적합한 방식이라고도 할 수 있습니다.

인간은 본능적으로 고맥락 해석을 하기 때문에 저맥락 해석을 하기 위해서는 본능을 거스르는 노력이 필요합니다. 인간은 그렇게 의지를 가지고 자연을 새로운 시각으로 바라봄으로써 그에 대한 이해를 깊고 넓게 만들 수 있습니다. 그리고 이러한 노력이 쌓이면서 인류는 진보하게 됩니다. 즉, 인류가 그동안 이룩한 발전은 인간이 자연에 대해 저맥락 해석을 거듭한 결과라고 할 수 있습니다.

있는 그대로 바라보기: 비파사나

'저맥락 해석'은 우리에게 객관적인 사고를 할 수 있게 해 줍니다. "객관客觀"이란, 사전적으로는 "자기와의 관계에서 벗어나 제3자의 입장에서 사물을 보거나 생각함" 또는 "주관과 대립되는 말로, 사실이나 사물을 있는 그대로 보거나 생각하는 것"을 의미합니다. 여기서 중요한 것은 제3자의 생각이 아니고 제3자의 '입장'에서 본 생각이라는 것입니다. 흔히 사람들은 이해관계가 없는 제3자의 생각을 객관적이라고 말하기도 하는데, 사실 그것은 그 제3자인 특정인의 주관적인 생각일 수 있으니 엄밀히 말하면 객관적이라고 할 수 없습니다. 즉, 객관적 사고란 주변 맥락을 고려하지 않고 사물을 있는 그대로 보려고 하는 저맥락 해석과 관계가 깊습니다.

인도인들이 하는 비파사나 명상Vipassana Meditation 프로그램이라는 것이 있습니다. 필자가 실리콘 밸리에서 일할 때, 아들의 인도인 친구 생일 파티에 갔다가 우연히 거기에 모인 인도인 아빠들과 대화하면서 알게 되었습니다. 그것은 사찰 같은 장소에 가서 일주일 정도 기간 동안 하루에 한 끼만 먹으면서 명상하는 프로그램이라고 합니다. 대개 사찰에서 행하지만, 신을 향해 예배를 드린다든지 하는 종교적인 색채는 없다고 합니다.

비파사나^{Vipassana}라는 단어는 '사물을 있는 그대로 바라본다^{see things as they really are}'라는 뜻입니다. 앞서 말한 객관적인 사고, 저맥락 해석의 개념과 정확히 일치합니다. 우리는 우리의 내면을 포함해서 우리를 둘러싼 환경을 긍정적이지도 않고 부정적이지도 않게 '있는 그대로' 바라볼 수 있어야 환경과 부딪히지 않고 평정심을 유지할 수 있습니다. 인도인들이 수련 프로그램까지 만들어가며 비파사나 명상을 한다는 사실은, 그만큼 편견없이 사물을 있는 그대로 바라보는 일이 인간에게 얼마나 어려운 것인지를 반증한다고 할 수 있습니다. 인간이 저맥락 해석을 하기 위해서는 이렇게 의식적인 노력이 필요합니다.

필자가 그 인도인 아빠들에게 이렇게 철학이나 정신 세계에 관심이 많은 게 당신의 취향이냐 아니면 인도인들의 특성이냐고 물었더니 모두들 이구동성으로 후자라고 했습니다. 이것이 그들의 문화적 배경인 힌두 사상에 녹아 있다는 것입니다. 그리고 인도인들의 적응장인^{adaptation master}적인 기질도 그 문화에 기인한다는 대답을 들었습니다. 외부 환경 변화를 있는 그대로 받아들이고 힘든 일은 마음에 담아두고 있지 않고 흘려보내는^{let it go} 문화 말입니다. 이런 문화의 영향으로 인도인들은 새로운 환경에 금방 적응한다고 합니다. 인도 역사를 보면 잦은 외세의 침략 속에서 살아남기 위해서 환경에 빨리 적응해야 했기 때문이라고도 그들은 덧붙였습니다. 종교를 가지고 있든 아니든 많은 인도인들은 오래 전부터 이런 사실을 간파하고 체화해 왔던 것입니다.

고맥락 사회의 우리들

맥락을 고려하는 정도는 한 사회의 문화적 양상으로 나타나기도 합니다. 이 개념은 1959년 인류학자 에드워드 홀$^{\text{Edward T. Hall}}$의 책 『침묵의 언어$^{\text{The Silent Language}}$』에서 처음 소개되었습니다.

고맥락 사회는 사회 구성원들 간에 공통 분모가 많은 경우에 생기게 됩니다. 이런 사회에서는 눈치 빠르게 짐작을 잘 하는 것이 미덕이 됩니다. 직장에서도 소위 '개떡같이 말해도 찰떡같이 알아듣는' 사람들이 능력을 인정받기 쉽습니다. 상사가 적당히 한 얘기를 듣고 그 의도를 잘 알아차려서 단번에 결과물을 만들어 오는 직원이 우대를 받을 확률이 큽니다. 상사 입장에서 봤을 때 자신의 말을 한 번에 이해하지 못하고 두 번 세 번 질문하는 직원보다 이런 직원이 더 눈에 띌 수밖에 없으니까요. 반면, 이런 사회에서는 길거리에서 처음 보는 사람에게 인사를 건네면 이상한 사람 취급받을 수도 있습니다. '나는 저 사람을 모르는데 인사를 왜 할까?' 하고 상대가 건넨 인사 자체보다는 그 사람의 숨은 의도를 알아내려고 하기 때문입니다. 역사적으로 이주가 적고 한 지역에서 오랜 시간 동안 언어와 역사를 공유한 사회에서 이런 상황이 만들어지기 쉽습니다. 홀은 그의 책에서 한국이나 일본이 대표적인 예라고 소개합니다.

저맥락 사회에서는 이와 반대의 일이 일어납니다. 사회 구성원 간에 기본적인 공통 분모가 없기 때문에, 자기가 가진 배경을 기반으로 설명하면 남들은 단번에 이해하지 못합니다. 직장에서 내가 개떡같이 말했을 때 상대방이 나의 의도를 알아차려 찰떡같이 알아듣기는 쉽지 않습니다. 상사가 개떡같이 말하면서 일을 지시하면 직원은 그대로 개떡같이 알아들을 수밖에 없습니다. 따라서 이러한 사회에서 상사의 의도대로 찰떡같이 알아들은 직원은 고맥락 사회에서만큼 인정받을 확률이 낮고, 개떡같이 말한 상사는 더 높은 상사나 다른 직원들에게 인정받지 못할 확률이 높습니다. 청자 입장에서 봤을 때 같은 얘기를 해도 자신이 알아들을 수 있게 차근차근 기본부터 설명해주는 사람이 눈에 띌 수밖에 없으니까요. 이런 사회에서는 길거리에서 처음 보는 사람에게 인사를 건네도 상대방이 친절히 답례 인사를 해줍니다. 인사는 인사일 뿐이라서 그 사람의 숨은 의도를 알아내려고 하지 않으니까요. 이민자들로 이루어진 미국, 특히 매년 유학과 취업을 통해 다인종들이 모여 사는 서부 실리콘 밸리 지역이 대표적인 예입니다.

지나가는 이야기: 대화

I.
A: 올 때 아무 것도 사 오지 말고 빈 손으로 와.

B: 네.
(빈 손으로 왔음)
A: 어머머, 동네 사람들~ 내가 빈 손으로 오라고 했다고 B가 진짜 빈 손으로 왔대요~

II.
A: 올 때 아무 것도 사 오지 말고 빈 손으로 와.
B: 네.
(뭔가 사 왔는데 A 마음에 안 듦)
A: 내가 빈 손으로 오라고 했잖아. 왜 시키지도 않은 일을 하고 그래. 그러고는 잘했다고 생각하지?

III.
A: 올 때 아무 것도 사 오지 말고 빈 손으로 와.
B: 그냥 원하는 게 뭔지 말해 주세요.
A: 너하고는 대화가 안 돼.

IV.
A: 올 때 아무 것도 사 오지 말고 빈 손으로 와.
B: 네.
(A가 좋아하는 걸 사 왔음)
A: (B하고는 대화가 잘 되는군)

'대화'란, (그것이 고맥락적인 것이든 저맥락적인 것이든) 정보의 전달이 이루어짐을 뜻합니다.

AI의 언어생활

AI는 프로그래밍 언어를 사용하기 때문에 태생부터 인간에 비해 매우 저맥락으로 언어 생활을 하도록 만들어졌습니다. 그래서, 지금까지의 얘기에 기반하면, AI는 기본적으로 사람보다 쉽게 고정관념을 탈피할 수 있는 자질(?)을 가지고 있다고 할 수 있습니다. AI의 초저맥락 해석이 기존 메모리에 가지고 있던 고정관념을 지우지 않고서도 이를 초월할 수 있게 해 주기 때문입니다. 사람이 살짝 잘못 내린 명령을 AI가 심하다 싶을 정도로 고지식하게 곧이곧대로 실행하면 어리석어 보이기도 합니다만, 바로 그런 아둔한 특징이 AI가 고정관념을 탈피할 수 있는 원동력이 된다는 것입니다. 로봇은 무엇이든지 기초부터 차근차근 가르쳐줘야 하는 신입사원과 같다고 할 수 있습니다. 하지만 한 번 가르친 것은 매번 똑같이 빠르고 정확하게 해 내는 놀랍게도 충실한 직원입니다.

이런 특징 때문에 가끔은 AI가 창의적으로 보이기도 합니다. 알파고는 단지 자신이 이길 확률이 가장 높은 수를 계산해서 두었을 뿐인데, 바둑 해설자는 신의 한 수라고 감탄합니다. 만약 알파고가 단지 과거의 기보들을 외워서 그대로 따라하거나 사람처럼 패턴을 학습하여 성급한 일반화에 기반한 바둑을 둔다면 이런 창의적인 수는 두기 힘들 것입니다. 정확히 똑같은 상황에서 신의 한수를 둔 기사의 기보를 학습해야만 따라할 수 있기 때문입니다.

반면, 인간은 기본적으로 고맥락적인 언어 생활을 해 왔습니다. 그러다가 근대에 학문이 발전하면서 엄밀한 수학 기호와 공식을 쓰기 시작했고 현대에 컴퓨터가 출현하면서 프로그래밍 언어를 쓰기 시작했습니다. 인간이 수학 기호나 프로그래밍 언어와 같은 저맥락적인 언어를 쓰기 위해서는 의식적으로 노력을 해야만 합니다. 어쩐 일인지 인간의 뇌는 하나의 관념에 쉽게 정착하려고 하는 특성을 가지고 있기 때문입니다.

재밌게도 최근에는 AI가 인간의 언어를 숫자로 바꾸고*, 매우 빠르고 방대한 계산을 하니 마치 인간이 하듯 고맥락의 해석을 하는 것처럼 보이는 현상이 일어나기 시작했습니다. 이것을 보고 사람들은 마치 AI에게 사람처럼 짐작하는 능력이 생겼다고 말하기도 합니다만, 단지 우리 눈에 그렇게 보일 뿐이지 AI의 해석은 근본적으로 0과 1의 숫자에 기반하고 있다는 사실을 잊지 않아야 합니다. AI가 패턴을 인식하는 방식은 초저맥락에 기반하고 있기 때문에 인간과는 근본적으로 다릅니다. 이를 악용하면 AI를 속일 수도 있다는 것이 그 증거입니다. 이미지 인식으로 예를 들어 보겠습니다. 디지털 이미지는 픽셀마다 할당된 세 개(Red, Green, Blue)의 숫자들로 표현됩니다. 만약 크기가 640x480인 이미지라면 921,600(=640x480x3)개의 수 중 하나로 표현되어 있는 것이죠. 물체 인식을 위해서 이 숫자들은 아래와 같은 신경망에 입력값^{Input}으로 들어가게 됩니다. 신경망은 이 숫자들을 가지고 중간에 수많은 연산을 통해(Hidden Layers) 각각의 물체로 인식될 확률을 최종적인 출력값^{Output}으로 계산합니다. 아래 그림에서 주어진 사진이 학교버스$^{School\ Bus}$일 확률이 0.9로 가장 크므로 이 인식 모듈은 "학교버스"라는 결과를 내게 됩니다.

----

* 이것을 임베딩^{embedding}이라고 합니다. 단어를 숫자로 이루어진 벡터^{vector}로 바꾸는데, 의미가 비슷한 단어는 해당하는 벡터를 서로 가깝게 배치하여 유사성을 표현합니다.

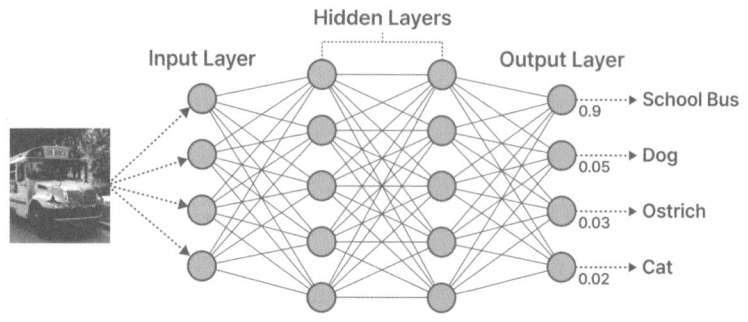

<이미지에서 물체를 인식하는 신경망>

 여기서 AI의 인식이 인간의 인식과 다르다는 점을 눈치챈 독자가 있을 것입니다. 인간은 저 사진을 보고 100% '학교버스'라고 생각하지 0.00001%라도 '개'일지 모른다는 생각은 하지 않습니다. 이러한 차이는 신경망의 출력값이 '사칙연산으로 계산해서 나온 수'라는 것에 기인합니다. 사람은 사진을 인식하는 데 사칙연산을 하지 않죠. 이 사실을 악용하면 단순히 최종 출력값에서 타조에 해당하는 수가 가장 크도록, 가령 0.51, 입력값을 조작하는 것이 가능합니다. 다음 그림은 인공지능이 처음에 학교 버스와 개를 제대로 인식했지만(왼쪽), Hidden Layers에서 어떤 연산이 일어나고 있는지 모두 알고 있는 입장에서 출력값을 바꿀 정도의 교란값(가운데)을 추가하고 재실행하니, 사람의 눈에는 여전히 큰 차이가 없는데도 불구하고 둘 다 타조로 오인식하게 만들었다(오른쪽)는 연구결과입니다. 사람과 달리 AI는 사진을 보면 픽셀 하나 하나의 값에 숫자를 할당하고 의미를

두며 계산하기 때문에 벌어지는 현상입니다.*

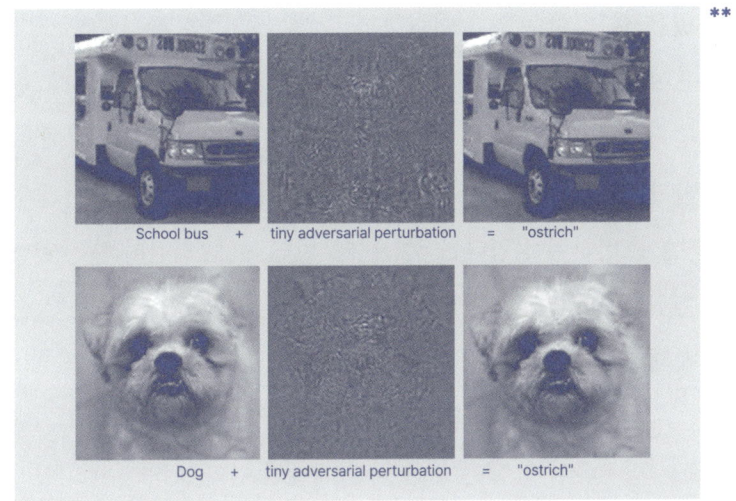

"의사소통의 가장 큰 문제점은 의사소통이 되었다고 착각하는 것이다."

— 조지 버나드 쇼

모라벡의 역설

인간과 AI의 차이는 "모라벡의 역설"에서 나타납니다. 모라벡의 역설은 로봇에 관한 것이지만 그 핵심은 지능에 있기 때문에 로봇을 AI로 대체한다 해도 무리없이 이해될 수 있습니다.

---

* 이 결과를 보고 인간의 인식지능이 인공지능보다 낫다고 생각하는 것은 오해입니다. 인공지능의 맹점을 겨냥해서 만든 결과라서 불공평하기 때문입니다. 인간이 볼 수 없는 적외선으로 그림을 그려놓고 로봇은 적외선 카메라로 보면서 인간보다 인식지능이 우월하다고 주장할 수 없는 것과 같은 이치입니다. 사실 '조작하지 않은' 이미지를 가지고 공평한 상태에서 비교했을 때 인공지능의 인식 지능은 이미 사람보다 뛰어난 수준에 이르러 있습니다.
** https://arxiv.org/pdf/2009.03728.pdf

1970년대에 미국의 로봇 공학자인 한스 모라벡$^{\text{Hans Moravec}}$은 '어려운 일은 쉽고, 쉬운 일은 어렵다$^{\text{Hard problems are easy and easy problems are hard}}$'라는 표현으로 컴퓨터와 인간의 능력 차이를 표현하였습니다. 인간은 걷기, 느끼기, 듣기, 보기, 의사소통 등의 일상적인 행위는 매우 쉽게 할 수 있지만 복잡한 수식 계산 등을 하기 위해서는 많은 시간과 에너지를 소비하여야 한다는 것입니다. 반면, AI는 인간이 하는 일상적인 행위를 수행하기 매우 어렵지만 수학적 계산, 논리 분석 등은 순식간에 해낼 수 있습니다.

이 역설의 창시자인 한스 모라벡은 자신의 역설이 진화에 기반한다고 설명했습니다. 짧은 시간 동안 개발된 AI의 능력과 달리 인간의 진화는 수억 년에 걸쳐 일어난 일이며 인간의 추상적 사고는 고작 비교적 최근에 얻어진 능력이라는 것입니다. 그래서 인간은 걷거나 보는 감각적인 일은 아주 잘 해내는 반면, 계산과 같은 추상적 사고는 힘들다는 것이지요.

모라벡의 역설 또한 앞서 말한 맥락 차이로 설명할 수도 있습니다. 일상적인 행위는 고맥락 해석으로 할 수 있는 일입니다. 이미 알고 있는 (또는 외우고 있는) 개념을 적절한 시간에 무의식적으로 적용하기만 하면 되기 때문입니다. 그래서 인간에게 쉽게 느껴집니다. 반면, 복잡한 수식 계산은 저맥락 해석으로 해야 하는 일입니다. 미리 답을 알고 있지 않으니 숫자 하나 기호 하나를 신경 써서 봐야 하는 일인 것이죠. 그래서 인간에게 어렵게 느껴집니다. 즉, 모라벡의 역설이란, '고맥락 해석은 인간에게 쉽고, 저맥락 해석은 기계에게 쉽다'라는 말로 바꾸어서 생각해 볼 수 있습니다.

고맥락 해석의 단점

믿음에 대하여

인간이 무의식적으로 수행하는 고맥락 해석의 단점은 그 짐작이 틀릴 가능성이 있다는 점입니다. 인간은 신이 아니기에 모든 짐작이 항상 옳을 수는 없기 때문입니다. 특히, 믿음^{belief}이란 여러 짐작 중에서도 우리가 과학적 근거없이 확신을 가지고 있는 것들을 말합니다. 고맥락 해석은 사람들에게 이런 '믿음'을 형성하게 합니다. 하지만 이러한 믿음이 오랜 시간 동안 고착되면 그것이 유효하지 않는 환경에서 다양한 문제를 발생시킬 수 있습니다. 인간은 자신의 믿음을 버리기 싫어하는 특성을 가지고 있기 때문입니다. 이것은 인류의 빠른 진보를 저해하는 요소로 작용합니다.

우리는 뇌의 기작을 정확히 이해하지는 못하지만 인간이 무엇을 믿는다면 그 정보가 어떤 식으로든 뇌라는 전기화학회로$^{Electro\text{-}chemical}$

Circuit 안에 저장될 것이라고 추정해 볼 수 있습니다. 인간이 자신의 믿음과 배치되는 정보를 접하고 나면 뇌 안에서 그것을 받아들이기 위해 상태 변화를 겪을 수밖에 없는데, 그 변화가 인간에게 불편한 감정을 만들어 낼 수 있습니다. 상태 변화의 폭이 급격하면 급격할수록, 뇌가 변화를 싫어하면 할수록 불편함은 커질 것입니다. 인간이 고맥락 해석을 하면서 감내해야하는 것은 자신이 가진 잘못된 믿음이 사실에 직면당할 때 뇌에서 만들어지는 괴로운 감정이라고 할 수 있습니다.

뇌가 받은 충격은 영원하지 않고 시간이 지나면 회복이 됩니다. 짧게는 수일, 길게는 수개월이 걸리기도 합니다. 이것은 회복력을 가지고 있는 생명체가 가진 기본적인 특성입니다. 이 과정에서 사람들은 본인이 잘못 생각했었다는 사실을 인정하고 다시 일어설 수 있는 힘을 얻게 됩니다.*

믿음의 붕괴

인간이 가진 믿음이 붕괴할 때 뇌가 느끼는 불편함에 대해 좀 더 알아봅니다. 이 불편함은 약간의 불쾌한 감정일 수도 있지만 경우에 따라서는 매우 큰 정신적 고통을 수반하기도 합니다. 특히 자신이 가지고 있는 관념에 고귀한 가치를 부여하고 있었다면 그 관념이 붕괴될 때

---

* 하지만 이러한 회복의 과정이 불가능한 경우가 한 가지 있습니다. 그것은 바로 사후세계에 대한 믿음입니다. 사람은 죽었다가 부활할 수 없기 때문에 살아 생전에는 본인이 사후세계에 대해 잘못된 믿음을 가지고 있다는 것을 인지할 수 있는 기회가 없습니다. 인간 사회에서 종교가 강력한 영향을 끼치는 이유는 이것입니다.

자신의 정신도 같이 붕괴됨을 느끼기 때문입니다. 인간이 자신이 소중하게 여기는 대상에 감정이입을 함으로써 일어나는 현상입니다. 그들은 정신이 붕괴될 때는 큰 슬픔 또는 분노를 느끼기도 합니다.

『공자가 죽어야 나라가 산다』라는 책이 있을 정도로 조선시대 유교적인 풍습은 우리 사회에 알게 모르게 많은 영향을 미치고 있습니다만, 이를 알면서도 쉽게 바꾸지 못하는 이유는 그 풍습에 사람들이 고귀한 가치를 부여하고 있기 때문입니다. 선조를 섬기는 마음, 부모를 공경하는 마음 등 정성스러운 마음을 부여하고 있으니 이 풍습들을 간소화하자고 하면 그 마음마저 훼손되는 듯한 불편함을 느낍니다.

반면, 자신이 감정이입하고 있지 않은 관념을 버릴 때는 불편함을 느끼지 않습니다. 이런 예로는 통화나 디스크 아이콘을 들 수 있습니다. 요새는 스마트폰이 대중화되었음에도 불구하고 통화 아이콘은 여전히 스마트폰 모양이 아닌 옛날 수화기 모양으로 되어있습니다. 또한 클라우드의 저장장치가 대중화되었음에도 불구하고 저장 아이콘은 여전히 디스크 모양입니다. 기성 세대들은 이런 아이콘들을 보고 아무렇지도 않게 생각하지만, 요새 태어난 아이들은 이를 전혀 이해하지 못합니다. 그들은 수화기나 디스크를 실제로 본 적이 없기 때문입니다. 그래서 그들은 아이콘이 왜 그런 모양인지 질문할 수 있지만, 기성세대들은 그런 도전(?)을 받고도 불편함을 느끼지 않습니다. 유교적인 풍습을 더 이상 따르지 말자는 도전과는 차원이 다르게 느껴집니다. 그들이 앱 아이콘 모양에 어떠한 소중한 가치를 부여하고 있지 않기 때문입니다. 오히려 그렇게 질문하는 천진난만한 아이들이 귀엽게 느껴질 것입니다.

진실이 만들어지는 과정

고맥락 해석을 하는 인간들의 사회에서 진실이 만들어지는 과정을 독일 철학자 쇼펜하우어는 아래와 같이 통찰했습니다. 이것은 '모든' 진실에 해당한다는 점이 흥미롭습니다.

> "All truth passes through three stages. First, it is ridiculed. Second, it is violently opposed. Third, it is accepted as being self-evident."
> "모든 진실은 세 가지 과정을 거친다. 첫째, 조롱당한다. 둘째, 심한 반대에 부딪친다. 셋째, 자명한 진실로 받아들여진다."

새로운 사실을 접했을 때, 1. 처음에는 잠깐의 기분 나쁨을 느껴 조롱하지만 2. 이를 받아들여야만 하는 강제적 상황에 놓이게 되면 강하게 저항하게 됩니다. 3. 이후 사실을 받아들이는 단계가 되면 이 진실이 새로운 고정관념으로 자리잡아 뇌가 편안함을 느끼게 된다는 것입니다. 그리고 이렇게 받아들인 진실을 뒤집는 새로운 진실을 접했을 때 위의 과정은 반복됩니다.

정리하자면, 고정관념은 그 자체로 나쁘지 않습니다. 고맥락 해석을 가능하게 하여 우리들의 생활과 업무를 효율적으로 만들어주는 순기능이 있습니다. 하지만 상황이 변해 그 관념을 버려야 할 때도 버리지 못한다면 이미 변해버린 환경과 충돌합니다. 심한 경우에는 그 충돌이 전쟁과 같은 큰 갈등으로 번지기도 합니다. 사람들은 '고정관념을 버리자'라며 그 관념이 무엇인지 인지하기만 하면 쉽게 버릴 수 있는 것처럼 말하기도 합니다만, 소중한 가치가 결부되어 믿음으로 고착된 관념은 매우 버리기 어렵습니다.

반면, AI는 감정을 가지고 있지 않으니 이런 특성이 있을 리 없습니다. 만약 '유교적 풍습', '성실', '겸손', '반공'이라는 특정 관념을 버려야 한다면 그 부분에 해당하는 메모리를 찾아 지우기만 하면 됩니다. 이 과정에서 어떠한 고통이나 불편함도 느끼지 않습니다. 쇼펜하우어의 통찰은 AI에게는 해당되지 않습니다.

> "자기가 틀렸다는 사실을 인정하기란 어렵다. 특히나 무척 오랫동안 틀린 채로 살아왔을 때는."
>
> — 프레드릭 배크만 *Fredrik Backman*

성실과 겸손

1. 성실

직장인 A의 상사가 A가 얼마나 성실히 일하는가를 업무평가의 가장 중요한 기준으로 삼고 있다고 가정해 봅시다. 그러면 이제 A는 회사에서 일을 제대로 할 수가 없습니다. 왜냐하면 A에게 있어서 상사가 자신을 얼마나 성실한 사람으로 보고 있느냐가 회사에 출근해서 (또는 퇴근 후 회식 등에서도) 신경 써야하는 가장 중요한 잣대가 되기 때문입니다. A의 상사가 무엇을 성실하게 볼 것이냐는 객관적으로 명확하지 않으므로 A는 상사의 눈치를 보면서 그의 정신세계에 대한 온갖 추론을 해야 합니다. 출퇴근 시간을 중요시하는지, 매일 답장의 길이를 중요시하는지, 인사를 잘하는 것을 중요시하는지 등등 말입니다. A의 뇌가 가진 제한된 처리 능력은 이 점을 파악하는 일에 최우선적으로 사용될 것이니 정작 중요한 회사 업무에는 리소스가 할당되지 못할 수 있습니다.

한국 회사들의 노동생산성이 OECD 국가 중 최하위권에 머물러 있는 것은 이런 이유라고 생각합니다. 직원들이 회사에 와서 상사에게 성실하게 보이는데 열중하느라 정작 자기 일을 제대로 할 수가 없습니다. 따라서 직원들의 성실성을 강조하는 관리자는 내보내야 합니다. 그것이 급변하는 시대에 회사가 고부가가치 산업에 대한 경쟁력을 유지하는 필요조건입니다.

2. 겸손
"저보다 훌륭한 분들이 많은데, 이번에 운 좋게도 제가 과분한 상을 받게 되었습니다."
저 말이 사실이라면, 그 상이 더 훌륭한 사람에게 돌아가도록 재심사를 하든가 아니면 이번에는 심사위원들이 실수했다고 생각하고 다음부터는 저런 사람이 상을 못 받도록 규정을 수정해야 합니다. 더 훌륭한 사람이 있는데도 계속 저런 사람이 상을 받도록 놔둘 수는 없습니다. 만약 사실이 아니라면, 자기가 남에 비해 이 상을 받을 만큼 더 훌륭하다고 생각하고 있음에도 불구하고 거짓말을 한 것이므로 위선(僞善)이 됩니다. 겸손이라는 것은 세상에 없습니다. 겸손한 발언은 사실에 대한 진술이거나 위선일 뿐입니다.

성실과 겸손에 높은 가치를 두고 있었던 사람들이 위의 글을 본다면 불편함을 느낄 것입니다. 그동안 성실하고 겸손하게 살려고 했던 자신의 인생이 부정당하는 느낌도 받을 수 있습니다. 단순히 글을 읽고 다른 사람의 생각으로 치부할 수 있는 경우라면 잠깐의 기분 나쁨으로 끝나겠지만, 어떤 새로운 사실로 인해 자신이 인생을 통해 굳건히 지켜왔던 관념들을 버려야 하는 강제적인 상황에 놓이게 된다면 큰 좌절감과 분노를 느낄 수도 있습니다. 안타깝지만, 이 불편함이 초래하는 정신적 고통이 너무 커서 괴로우면 사람들은 스스로 삶을 마감하기도 합니다.

미국 사립 대학 입학

하버드, 스탠포드, 프린스턴, 예일 등 미국 사립 명문대에 입학하려면 공부만 잘 해서 되는 게 아니라고 들어 보신 분들이 있을 것입니다. 그런데 왜 그럴까요? 미국 명문대들이 전인교육을 지향하기 때문일까요? 필자가 실리콘 밸리에서 살면서 고등학생 자녀를 둔 학부모들과 입시 얘기를 하다가 들은 것인데 그 답은 의외로 간단했습니다.

공부만 잘 하는(=시험 점수만 높은) 학생은 돈이 안 됩니다. 도발적으로 들릴 수 있다는 것은 인정하지만 결국 주된 이유는 저것입니다. 그렇기 때문에 S.A.T.(=한국의 수학능력평가시험에 해당하는 시험) 점수나 학교 내신 성적 외에, 자기 소개서도 보고, 수상 경력도 보고, 창의성도 보고, 운동 능력도 보고, 봉사 활동 이력도 보는 것입니다. 그렇게 시험 점수로 측정되는 것 외의 개인적 특성을 가진 학생들이 대학교를 졸업하고 나갔을 때 사회에서 성공하여 모교의 명예를 빛내고 큰 돈을 다시 모교에 기부할 확률이 높습니다.

이러한 추정은 미국 사립 명문 대학들의 학교 운영 자금 재원을 보면 더욱 설득력을 얻습니다. 하버드 대학교의 2023년 운영 비용은 $6.12B (한화로 약 7.9조원)이나 되는데, 이 중 45%는 외부로부터의 기부금 또는 이를 운용한 수익금으로 충당됩니다. 학생들로부터 받은 등록금은 전체 비용의 22%에 지나지 않지요. 또 다른 명문대인 예일을 봐도 상황은 비슷합니다. 예일 대학교의 2023년 운영비용은 전체 $5.57B인데 그 중 35%가 기부금 운용 수익이고 학생 등록금 기여분은 9%에 지나지 않습니다. 이들 학교들은 자체적으로 기부 펀드 Endowment Fund 를 운용하여 수익을 내고 있는데, 스탠포드 대학교의 경우 그 규모가 $36.5B나 됩니다. 학교를 존속시키는데 있어서 기부가 얼마나 중요한지 알 수 있습니다.

운동을 잘 하면 대학 입학에 도움이 된다고 어릴 때부터 운동을 시키기도 하는데, 이것도 취미 생활을 할 정도가 아니고 돈이 될 만큼 잘 해야 합니다. 아무 스포츠나 잘 하면 되는 게 아니고 돈이 될 만한 분야에서 돈이 될 가능성이 보일 만큼 잘 해야 하는 것이죠. 학생 입장에서 이를 쉽게 증명하는 방법은 대회 입상 경력이니 운동으로 입시를 준비하는 학생들은 전국 규모의 큰 대회에 참가해서 수상하려고 애쓰기도 합니다. 그 정도로 운동을 잘 하는 것이 아니라면 대학 가서도 자비를 들여 해야 되고 입학 자체에도 거의 도움이 되지 않습니다. 돈이 안 되는 분야였지만 매우 특출해서 혼자 그 분야를 개척할 정도라면 혹시 도움이 될 수도 있을 것입니다. 봉사 활동을 보더라도 얼마나 자기 시간을 봉사 활동에 썼는가를 보는 것이 아니고 스스로 확고한 뜻이 있어 새로운 봉사 단체를 만들어서 활동했다든지 하는 리더쉽 측면을 높이 삽니다. 겉으로 내세울 만한 이력이 없더라도 남다른 자신의 인생 스토리가 있어 미래에 성공할 가능성이 높다고 입학사정관을 설득할 수 있다면 매우 효과적입니다. 그래서 한국과는 달리 자기소개서가 대학 입시에서 높은 비중을 차지하기도 합니다.

상아탑이어야 할 대학이 돈을 최고의 가치로 여긴다고 생각하면 착잡하게 느껴지기도 하지만, 한국도 그렇고 미국도 그렇고 결국 교육은 사회가 추구하는 가치를 따라가게 되어 있습니다. 대학 졸업한다고 학생의 인생이 끝나는 것도 아니고 학교가 없어지는 것도 아니기 때문입니다. 학생이든 학교든 항상 그 이후를 생각할 수밖에 없는데, 그것이 사회가 중요하게 여기는 가치에 맞추어지는 것은 매우 자연스러운 현상입니다. 그러니까 만약에 미국 사회에서 저러한 개인적인 특성을 가진 사람들이 인정받거나 자수성가하는 경우는 거의 없고 부자들의 2세만 계속 잘 산다면 미국의 사립 명문 대학들은 분명 부자의 자식들만 우선해서 뽑을 것입니다. 그것이 학교를 존속시키는 데 가장 유리한 방법이기 때문입니다.

미국 사립대학교의 상황이 이해가 간다면 자연스럽게 이런 의문이 들 수 있습니다. 한국에서는 왜 나중에 돈도 안 되는 시험 점수에 그렇게 연연할까요? 입학 사정이 공정하게 진행될 것이라고 믿지 못 하기 때문에 숫자로 측정되어 나오는 시험 점수 말고는 쉽게 승복하지 못 한다는 일면 부정적인 시각도 일리가 있지만, 그보다 더 핵심적인 것이 있습니다. 한국 사회에서는 돈보다 성실성을 더 중요하게 여깁니다. 그리고 사실 시험 점수는 그 성실성을 측정하는 꽤 괜찮은 도구입니다. 가끔 공부를 열심히 하지 않아도 시험을 잘 보는 머리 좋은 학생들도 있지만 그런 학생들은 극소수고, 대개 시험 점수는 성실성과 연관관계가 아주 높습니다. 성실한 친구는 내용을 깊이 이해하지는 못 하더라도 선행 학습을 하든, 외우든 해서 점수를 어느 정도 높일 수 있기 때문입니다. 이래서 다들 사회가 원하는 방향으로 점수를 올리는 데 혈안이 되어 사교육 광풍이 부는 것입니다. 봉사 활동 점수도 그 학생이 얼마나 성실하게 봉사했냐를 측정하는 쪽으로 초점이 맞추어져 있습니다.

돈인가 성실성인가. 미국 교육과 한국 교육의 근본적인 차이는 여기에 있습니다.

세뇌(洗腦)가 일어나는 원리

고맥락 해석의 단점인 '믿음의 고착'이 극단으로 치달은 현상이 세뇌 洗腦 라고 할 수 있습니다. 세뇌된 뇌는 단 한 점의 의심도 허락하지 않기 때문입니다.

2015년 인터넷을 떠들썩하게 한 '세 모자 사건'이 있습니다. 사건의 시초는 한 여성이 "저는 더러운 여자이지만 엄마입니다"라는 제목으로 자신과 두 아들이 남편과 친척에게 성폭행 당해 왔다는 글을 게시한 것이었습니다. 이 글은 곧 수많은 네티즌들에게 퍼지면서 많은 이들의 비난을 불렀습니다. 그러나 놀랍게도 〈그것이 알고 싶다〉 방송에서 이 모든 것은 거짓이었으며 두 아들의 엄마와 무속인이 아이들을 이용하여 꾸며낸 사기극이자 아동 학대로 밝혀져 많은 사람들에게 큰 충격을 안겨주었습니다.

방송 내용 중에 세 모자가 도대체 어떻게 그런 행동을 저지를 수 있었는지에 대한 범죄심리학자의 분석이 있습니다. 그것은 바로 '자신이 어떤 일로 고통스러워하고 혼란스러워할 때, 그것을 어루만져주고 해답을 제시'해 주는 주체가 있으면, 그 때 세뇌가 일어나서 그 주체에게 절대성을 부여하게 된다는 것입니다. 그 이후로는 피해자는 그 주체가 하는 말은 무엇이든 의심하지 않고 따르게 됩니다. 제 3자가 보기에 이해할 수 없는 행동을 하기도 하고, 자신이 피해자면서 오히려 자신을 세뇌시킨 주체는 잘못이 없다고 감싸기도 합니다.

인간이 믿음을 가지는 이유는 사실관계를 하나 하나 일일히 따져보기에는 에너지가 많이 들고 귀찮기 때문입니다. 그런데 이것이 단순한 귀찮음을 넘어 극심한 정신적 고통을 야기하는 경지에까지 이른다면 인간의 뇌는 어떻게든 그 고통에서 벗어나보고자 터무니없이 현실성 없는 초고맥락 짐작인데도 불구하고 그대로 믿게 됩니다. 이것이 세뇌가 일어나는 원리라고 할 수 있습니다.

방송에서는 세뇌당한 모자를 어떻게 정상으로 바꾸어 놓을지에 대해서는 명확한 방법을 제시하고 있지 않았습니다. 결국에는, 고통스럽겠지만, 본인이 스스로 빠져 나와야겠다는 생각을 하는 수밖에 없다고 봅니다. 현실이란 '믿지 않아 봤을 때 비로소 알 수 있는 것'이기 때문입니다. 우리가 무엇인가를 의식적으로 의심하여 믿지 않아봤을 때 없어져 버린다면 그것은 명백하게 현실이 아니라고 할 수 있습니다.

> "현실이란 그것을 믿지 않았을 때 사라지지 않는 것이다"
> "Reality is that which, when you stop believing in it, doesn't go away."
> — Philip K. Dick

사이비 종교

사람들은 이런 기작을 통해 사이비 종교에도 절대성을 부여하게 됩니다. 우주 기원이라는 빅뱅은 도대체 누가 만든 것인가, 물리학 상수들은 어떻게 그런 정교한 값을 가지게 되었나, 자연은 왜 규칙적인가, 복잡한 내 몸이 어떻게 우연에 의해 만들어질 수 있나 같은 과학적인 문제에서 시작해서, 아무리 따지고 따져도 절대선이라는 것이 보이지 않으니 무언가에 의존하지 않으면 현실에서 중심을 못 잡고 끝

없는 사색에 빠질 것만 같은 불안감, 우리 부모님은 좋은 분들인데 왜 나한테 이런 말도 안 되는 것을 믿으라고 하시나 같은 가족문제까지 … 등등을 못 풀어서 머리 싸매고 앓고 있는데, 사이비 종교 교주는 아주 쉬운 해결책을 제시해 줍니다. 머리가 환하게 밝아지는 순간입니다. 교주에 온전히 의존하여 마음을 내맡기니 확신이 들고 가슴이 편안해집니다.

세뇌가 한 번 일어나면 사이비 종교의 권위 안에서는 편함을 느끼지만 권위 밖에 있는 것들과는 갈등을 만들게 됩니다. 이 현상은 심각한 사회 문제가 초래할 수도 있습니다. 작게는 부모의 권위, 가족의 권위, 상사의 권위, 사회의 권위, 국가의 권위, 종교의 권위 등등 … 그것이 무엇이든 간에 한 번 권위에 의지하면, 그 권위 밖에 있는 사람에게 자신이 하는 행위가 나쁘다는 사실을 인지하지 못 하기 때문입니다. 사이비 종교에 빠진 사람들은 교주가 시키는 대로 살인, 폭행, 납치 등의 범죄 행위를 서슴없이 하기도 합니다.

우리 뇌의 특성

인간은 어떻게 이런 특성을 가지고 있는 걸까요? 인간의 뇌 중 어느 부분이 변화를 싫어하는 일을 관장하는 지에 대한 연구 결과가 있어 소개합니다. 인간이 믿음을 버리기 어려운 이유는, 우리가 변화에 맞닥뜨린 순간에 이성을 담당하는 부분보다는 감정을 담당하는 편도체

amygdala와 뇌섬엽insula이 활성화되기 때문이라고 합니다.*

　미국 남가주대 심리학과의 요한스 카플란 교수 연구진은 한 사람의 정치적 신념을 바꾸는 것은 상당히 힘든 일이며, 원인은 '뇌'의 특성 때문이라는 연구 결과를 국제학술지인 '사이언티픽 리포트' 최신호에 발표했다. 개인이 갖고 있는 정치적인 신념은 그 사람이 살아온 환경 등에 의해 종합적으로 형성된다. 자신이 지지하는 후보가 아무리 잘못된 행동을 했다 하더라도 쉽게 돌아서지 못하는 이유다.

　남가주대 연구진은 이처럼 한 사람이 정치적인 신념을 지키거나 바꾸려고 할 때, 뇌의 어떤 부분이 활성화되는지 관찰해보기로 했다. 연구진은 자신을 자유주의자라고 여기는 40명의 실험 참가자(남녀 각각 20명, 18~39세)에게 정치적인 의미와 비정치적인 의미가 담긴 8개의 문장을 각각 보여줬다. 정치적인 문장에는 "낙태는 불법이다", "총기 규제는 강화되어야 한다" 등의 내용이 담겨있다. 비정치적인 문장은 "멀티비타민 섭취는 건강증진에 효과가 있다", "에디슨은 전구를 발명했다" 등이다. 참가자들은 각 문장의 동의 여부에 따라 1~7점의 점수를 매긴 후 '기능적 자기공명영상장치(fMRI)' 안에 들어갔다. 연구진은 각 실험자들이 동의했던 문장에 대한 반박문을 보여주면서 뇌에 어떤 변화가 일어나는지를 관찰했다. 예를 들어 총기 규제 강화에 반대하는 사람에게 "총기 범죄의 98%가 도난당한 총기로 발생한다"와 같은 문장을 보여주는 식이다. 비정치적인 문장에 대한 반박문은 "험프리 데이비는 에디슨보다 70년이나 앞서 전기램프가 가능함을 증명했다"와 같은 내용이 포함됐다.

　참가자들 대부분은 비정치적인 문장에 대한 자신의 의견을 바꾸는 경우가 많았다. 에디슨이 전구를 발명했다고 믿었던 사람들은 험프리 데이비 이야기를 들은 뒤 "전구를 처음 개발한 것은 에디슨이 아니라 험프리 데이비다"라고 생각을 바꾼 것이다. 하지만 정치적인 신념은 바뀌지 않았다. 연구진이 뇌를 관찰한 결과 정치적인 신념이 바뀌지 않은 사람들의 경우, 뇌의 '편도체'와 '뇌섬

* https://v.daum.net/v/20170102151204354

엽' 부분이 활성화되는 것을 관찰했다. 정수근 한국뇌연구원 뇌신경망연구부 선임연구원은 "이 부위는 감정적인 부분을 처리하거나 위협을 느껴 공격적인 반응을 나타낼 때 활성화되는 부위"라고 설명했다. 정치적으로 반대되는 사실을 맞닥뜨렸을 때 이성적인 부분보다는 감정적인 영역이 활성화되는 것이다. 또한 뇌의 '디폴트 모드 네트워크'란 부분도 연관이 있다는 것을 알아냈다. 디폴트 모드 네트워크란 '멍때리기'를 할 때, 꿈을 꿀때 등에 활성화된다. 정수근 선임연구원은 "디폴트 모드 네트워크 영역은 자신의 세계관과 관련되어 있는 부분"이라며 "종교에 대한 믿음과도 연관이 있는 것으로 확인된 부위"라고 덧붙였다.

이처럼 인간은 자신이 갖고 있는 정치적인 신념에 관해 공격받을 때 이성보다는 감정이 앞서게 되고, 정체성을 위협받는다고 느낀다. 연구진은 "인간은 정치적인 신념과 관련해 감정적으로 대하기 쉽다"며 "따라서 이를 바꾸는 것은 어려운 일"이라고 설명했다. 최순실 국정농단 사태 당시, 정부를 지지하는 많은 사람들이 자신의 정치적인 믿음이 배신 당했을 때는 마치 종교를 버리거나 자신을 송두리째 부정 당하는 듯한 충격을 받은 셈이다.

실험에서는 "정치적인 신념"만을 얘기했지만, 이 결과는 종교적 신념, 도덕적 신념, 학문적 신념 등 사람이 가치를 부여하여 감정이입하고 있는 모든 신념에 똑같이 적용될 수 있습니다.

일반적으로 뇌의 편도체는 두려움을 담당한다고 알려져 있고, 뇌섬엽은 외부에서 들어오는 자극과 내부 감각을 연결하여 다른 사람의 감정과 자신의 감정을 연결하는 역할을 한다고 알려져 있습니다. 우리는 오랫동안 가져온 믿음을 버린다는 생각을 하면 한편으로는 두렵기도 하고 또 한 편으로는 그동안 형성된 다른 사람과의 관계가 틀어질 것 같은 느낌이 들기도 합니다.

아마도 이런 뇌의 기능들은 인간이 생존하는 데 유리한 방향으로 진화되어 생겨났을 것입니다. 자신보다 강한 상대나 위험한 환경을 피하기 위해서는 두려움이라는 감정을 느껴야 했을 것이고, 모든 일을 혼자서 할 수 없으니 다른 인간과 협력하려면 그들의 감정을 빨리 알아내야 했을 것입니다. 편도체와 뇌섬엽은 인간의 생존에 유리하도록 진화된 기관임에는 틀림없지만, 장애물적인 믿음을 버리고 인류가 진보하는 데에는 걸림돌로 작용하고 있습니다. 우리는 이러한 과학적 사실을 있는 그대로 받아들임으로써 뇌의 특성을 극복하고 감정을 절제할 수 있을 것입니다.

신경정치학

인간의 정치적 성향을 신경정신과적인 관점에서 접근하는 학문도 있습니다. 이것을 신경정치학이라고 합니다.

영국 유니버시티칼리지런던의 가나이 료타 박사와 그의 지도교수 저레인트 리스 교수팀은 <커런트 바이올로지Current Biology>에 실은 논문에서 정치적 성향은 뇌 구조와 깊은 상관관계가 있음을 보였습니다.

젊은 성인남녀 90명을 대상으로 정치적 태도에 대한 설문조사를 실시하고, 이들의 뇌 구조를 자기공명영상MRI으로 촬영한 결과, 정치적 성향에 따라 뇌의 특정 부위 크기와 두께가 서로 다르다는 사실을 발견한 것이다. 보수 성향의 학생들은 공포 감정을 담당하는 편도체amygdala의 오른쪽 부분이 두꺼운 반면, 진보 성향의 학생들은 새로운 자극에 민감하고 외부 정보에 대해 반응하는 전대상회anterior cingulate cortex 부분이 두꺼웠다.

해석해보자면, 보수 성향의 사람들은 편도체가 공포 자극에 민감하게 반응하고 생존을 위한 행동에 민감하다는 뜻이다. 위험한 상황에서 공포를 느껴 도망가거나, 분노를 일으켜 스스로를 보호하는 기능을 담당하는 이 영역은 그들을 공포 자극에 훨씬 민감한 유권자로 만들 가능성이 높다는 뜻이다.

반면, 진보 성향의 사람들은 새로운 자극에 민감하고, 위험을 감수하는 경향이 있으며, 외부 자극에 대한 학습에 민감하다. 습관적인 자극이 아닌, 새로운 자극에 반응할 때 활성화되는 영역인 전대상회는 그들을 위험하더라도 진보적인 생각에 훨씬 긍정적으로 반응하게 만들었을지 모른다.*

이 결과도 역시 편도체가 기존 관념을 고수하려는 보수적인 태도와 관련된 뇌의 기관으로 설명하고 있음을 알 수 있습니다. 사실 AI에게는 '보수와 진보'라는 정치적 개념조차 없습니다. 그럼에도 불구하고 만약 AI가 위험을 감수하고 진보적인 행동을 하는 것처럼 보이는 순간이 있다면 그것은 AI에게 새로운 자극에 반응하는 인간의 전대상회같은 기관이 있어서라기보다는, 두려움을 관장하는 편도체 같은 기관을 가지고 있지 않아서일 것입니다. AI는 프로그램된대로 실행할 뿐인데, 인간의 눈에 진보적인 정치 행위로 보일 수 있는 것입니다.

---

* https://www.hani.co.kr/arti/science/science_general/732349.html

주관主觀과 객관客觀

주관이란 무엇인가?

앞서 저맥락 해석은 객관적인 사고를 가능하게 한다고 했습니다. 이제 "주관subjective"에 대해 살펴보겠습니다. 주관은 객관의 반대이니 고맥락 해석과 관계가 깊습니다.

주관은 "뚜렷한 주관"이라는 말에서처럼 '자기 소신 있음', '외부 압력에 흔들리지 않음'과 같이 긍정적인 의미로 쓰이기도 합니다만, 판사가 판결할 때 주관적인 판단을 내리면 큰일이 납니다. 만인 앞에 평등해야 할 법을 개인이 자의적으로 해석했다는 의미가 되기 때문입니다. 주관이란 그렇게 '명확한 근거 없이 본인만 생각하고 있는 의견이나 믿음'이라고 할 수 있습니다. 만약 그 생각들을 뒷받침할 수 있는 과학적이고 객관적인 근거가 존재한다면 우리는 그것을 법칙law이나 원리principle라고 부를 것입니다.

이러한 주관적인 생각들은 우리가 세상에 태어나서 지금까지 살아온 환경에 의해 형성됩니다. 예를 들어, '상사에게 충성하는 것이 최고'라는 주관적인 생각은 그동안 상사의 말을 거역하거나 충실히 행하지 않아서 손해를 본 경험과 상사에게 충성심을 확실히 보여줌으로써 이익을 본 경험들의 집합으로 생겨납니다. 주관은 개인적인 생각일 뿐이므로 충성이 정말 만인의 삶에서 최고인지를 증명할 필요는 없습니다. 수학적으로 얘기하자면, 주관이란 '한 사람의 인생'이라는 닫힌 계 안에서 더 이상 묻거나 따질 필요가 없고 다른 명제의 진위를 판별할 때 사용할 수 있는 대전제인 것입니다. 일종의 공리^{axiom}라고 할 수 있습니다. 물론 이 사람의 인생에 큰 변화가 생겨서 대전제가 바뀔 가능성도 있지만 그 때 역시 또 다른 주관으로 변경하는 것이 뿐이기 때문에 어떤 과학적 근거나 수학적 엄밀성을 요구하지 않습니다. 인간은 경험을 통해 주관을 쉽게 얻을 수 있지만 한 번 형성된 주관을 버리기 위해서는 의식적인 노력을 해야만 합니다. 여기서의 "노력"이 저맥락 사고로 기존관념을 깨뜨리는 것을 의미합니다.

"Never argue with stupid people. They will drag you down to their level and beat you with experience."

— Mark Twain

"어리석은 사람들과 논쟁하지 마세요. 그들은 당신을 그들의 수준까지 끌어내린 후 자신들의 경험으로 당신을 이길 것입니다."

— 마크 트웨인

무서운 것과 위험한 것

> "인생에 있어서 무서운 것과 위험한 것을 구분할 줄 알아야 돼요. 많은 사람들은 이 둘이 같은 것으로 착각하는데, 사실 이것은 매우 다른 것이죠. 예를 들어 안전 장치를 완벽하게 구비하고 암벽 등반을 하다 발을 헛디뎌 미끄러지는 것은 상상만 해도 너무 무섭지만 위험하지 않아요. 그 안전 장치에 달린 구명 로프는 자동차도 매달 수 있을 정도로 견고합니다. 반면 오뉴월 산봉우리에 눈이 녹을 즈음 등산을 하는 것은 전혀 무섭지 않지만 오히려 녹는 눈에 미끄러져 다치거나 산사태를 경험할 수 있어 위험해요."

미국의 맥주 회사 '사무엘 아담스'의 창업자 짐 코크가 한 팟캐스트 프로그램에 나와서 한 말입니다. 짐 코크는 하버드 학부, JD (법학 대학원), 그리고 MBA 학위까지 미국 사회에서 초엘리트가 밟는 코스라고 할 만한 이력을 가지고 있는 사람입니다. 하버드 경영대학원 졸업 후 최고의 전략 컨설팅 회사 중 하나인 보스턴 컨설팅 그룹 Boston Consulting Group, BCG 에 입사하여 경력을 쌓아 나아가다 문득 '평생 이 일을 하고 살고 싶은가?'라는 의문이 들었다고 합니다. 그리고 또 '이 일을 내일도 하고 싶은가?' 라는 질문에 '아니요' 라는 결론이 나자 미련없이 사표를 던지고 자신만의 길을 걷기로 결정했습니다. 팟캐스트 진행자가 이런 큰 결정에 대해서 "너무 무모하지 않았어요? 무섭지 않았어요?" 라고 질문을 했는데, 위는 이에 대해 그가 한 대답입니다.

무서운 것은 주관적인 개념이고, 위험한 것은 객관적인 개념입니다. 두려움의 정도는 개인이 어떻게 느끼느냐에 따라 다르니까 객관적인 수치로 측정하기 불가능하지만, 위험한 정도는 객관적으로 측정 가능하기 때문입니다. 위의 예를 보면, 암벽 표면의 정지마찰계수, 보통 사람들의 몸무게, 구명로프가 버틸 수 있는 최대 장력 등의 수치를 활용하여 겨울철 암벽 등반이 보기와는 다르게 별로 위험하지 않다는 사실을 보여줄 수 있습니다. 이에 비해, 오뉴월 산봉우리에 눈이 녹을 즈음에 하는 등산이 무섭지 않게 느껴진다면, 그것은 '오뉴월의 산'에 대한 그동안의 경험들이 '나무가 잎을 틔우고 만물이 소생하는 시절', '포근한 날씨에 친구와 함께 한 좋은 시간' 등 긍정적인 이미지로만 이루어져 있기 때문일 것입니다.

  짐 코크가 지적한 것처럼 사람들은 주관과 객관을 항상 잘 구별해 내지는 못합니다. 사람들이 이 둘을 같은 것으로 착각하는 주 원인은, 객관적으로 측정가능한 것인데도 불구하고 과학적인 방법이 아닌 다른 사람들의 주관을 통해 알아내려고 하는 데에 있다고 봅니다. 즉, '다른 사람들이 두려워하니까 이것은 위험한 것이다' 또는 '다른 사람들이 두려워하지 않으니까 이것은 위험한 것이 아니다' 라고 말이지요. 또는 본질적으로 전혀 다른 현상임에도 불구하고 과거에 경험했던 비슷한 현상으로부터 무리하게 유추하려고 하기 때문일 수도 있습니다. 이런 오류들로 인해 사람들은 별로 위험하지 않은 상황인데도 무섭다며 과잉방어적으로 행동하기도 하고, 매우 위험한 상황인데도 불구하고 두려움을 못 느끼고 무모한 일을 벌이기도 합니다. 이 현상도 적은 수의 간접 데이터만 보고 성급하게 일반화하는 인간의 고맥락 해석 습성으로 설명이 됩니다.

인터뷰에서 짐 코크는 주관과 객관을 구별하는 능력이 사회에서 성공하는데 중요한 요소라는 얘기를 하고 있습니다.

필자는 짐 코크의 말을 흉내내어 아래와 같이 써 보았습니다.

'인생에 있어서 쉬운 것/어려운 것과 간단한 것/복잡한 것을 구분할 줄 알아야 돼요. 많은 사람들은 이 둘을 같은 것으로 착각하는데, 사실 이것은 매우 다른 것이죠. 예를 들어, 걷는 일은 너무 쉽지만 매우 복잡한 인체의 시스템이 이를 가능하게 하고 있어요. 반면, 아인슈타인의 질량-에너지 등가 공식 $E=mc^2$는 간단하지만 이것을 이해하기는 매우 어렵습니다.'

쉬움/어려움은 주관적이고 간단함/복잡함은 객관적입니다. 인간과 달리 AI에게는 두려움이나 난이도라는 개념이 없습니다. AI는 오직 주어진 데이터에 기반하여 위험도와 복잡도를 계산하는 존재라고 할 수 있습니다.

긍정적인 주관과 부정적인 주관

두 가지 상반된 주관의 예를 보겠습니다. 먼저 '옛 성현들의 말은 언뜻 이해가 안 갈 지 몰라도 곰곰 생각해 보면 다 깊은 의미가 있다' 라는 생각이 있습니다. 이렇게 말하는 사람은 성현들의 말을 처음에는 잘 이해하지 못했다가 어떤 계기를 통해 깨달은 경험을 수 차례 반복했을 것이라고 추정합니다. 반면, '옛 성현들의 말은 모두 말장난일 뿐이다' 라는 생각도 있습니다. 이런 말을 하는 사람은 성현들의 말이 처음에는 그럴 듯하게 여겨졌다가도 모든 명언에는 항상 반례가 존재한다는 것을 반복하여 경험했을 것이라고 추정합니다. 사실 누구의 말이 맞는지는 모르고, 제3자가 보기에는 둘 다 엄밀한 근거에 의해 뒷받침되지 않은 주관적인 생각에 불과합니다. 단지 첫번째 주관은 긍정적이고, 두번째는 부정적이라는 차이가 있습니다. 여기서는 그 차이에 대해 얘기해 보고자 합니다.

부정적인 주관은 비교적 버리기 쉽습니다. 남들이 자신의 부정적인 말을 들으면 감정이 상할 수 있다고 쉽게 인지되기 때문입니다. 이에 반해, 긍정적인 주관은 한 번 확립되면 버리기가 매우 어렵습니다. 그것은 사람의 일생을 지탱하는 가치관이 되기도 하고, 같은 생각을 가진 사람들과의 동질감과 소속감을 만들어 주기도 하기 때문입니다. 특히나 이런 주관이 어렸을 때 양육자로부터 무비판적으로 습득된 것이라면 더욱 버리기 어렵습니다. 긍정적인 생각을 서로 권유하는 사회 분위기 안에서는 설사 그 주관이 명백한 오류를 포함하고 있다하더라도 그것을 버리라는 무언의 압력을 받을 확률도 낮습니다.

남의 주관을 존중하기

긍정적이든 부정적이든 남의 주관은 일단 존중해 주어야 합니다. 주관은 사람들의 삶을 통해 생성되는데 이를 부정하는 언행은 본의 아니게 그들이 지나온 삶을 부정하거나 무시하는 처사가 될 수 있기 때문입니다. 특히 양육자의 주관이 피양육자에게 주입된 경우라면 그 양육자의 삶까지 무시하는 양상이 되어 버리기도 합니다. 이것은 인간 관계에 있어서 큰 갈등을 야기할 수 있습니다.

그렇지만 만약 그 사람의 믿음이 잘못됐다는 객관적인 근거가 존재해서 과학적 반증이 가능하다면 얘기가 180도 달라집니다. 그의 인생이 부정당할 우려때문에 세상에 공개하지 않는다고 과학적 사실이 변하는 것은 아니기 때문입니다. 그것은 그의 믿음이 틀렸다는 사실이 세상에 공개되는 시점만 늦추는 행위일 뿐입니다. 처음에는 그의 거센 저항에 직면할 수 있겠지만 과학적인 사실은 언젠가는 반드시 밝혀집니다. 지구가 우주의 중심이라는 주관을 가진 사람들 사이에서 이와 반대되는 주장을 하다가 갈릴레이가 어떤 대가를 치렀는지 우리는 과학사 시간에 여러 번 들어서 익히 알고 있습니다.

자신이 가지고 있는 주관을 객관적 근거 앞에서 잘 버릴 수 있느냐 그렇지 않느냐는 개개인의 특성이기도 합니다. 주관을 유지함으로써 얻는 안정감이 커서 버리지 못 할 수도 있고 주관을 버림으로써 느끼는 두려움이 커서 그럴 수도 있습니다. 주관을 잘 버리지 못 하는 사람들은 대립이 있는 문제에 대해 '관점의 차이', '가치관의 차이', '서로 잘 안 맞음'으로 결론 내리길 선호합니다. 이것이 상대의 기분을 상하지 않게 갈등을 정리하는 방법이기도 하지만, 사실 이것은 자신의 주관을 이에 반하는 생각으로부터 보호하는 방법이기도 하기 때문입니다.

비슷한 이유로 이들은 단정적인 표현에도 거부감을 가집니다. 자신의 주관에 반하는 단정적인 표현은 그 주관을 버리라는 무언의 압력으로 받아들여지기 때문입니다. 2023년에 출간한 『K-방역은 왜 독이 든 성배가 되었나?』라는 책이 있습니다. 경북대 의대 예방의학

교실에 재직 중인 이덕희 교수가 코로나 19가 유행하던 때에 한국 정부가 시행했던 대응책에 대해 비판한 책입니다. 이 책은 출간되자마자 관련 종사자들 사이에서 큰 논란을 만들었습니다. 『K-방역은 왜 독이 든 성배가 되었나?』라는 이 책 제목은 'K-방역은 독이 든 성배다'라는 상당히 강한 표현을 전제하고 있습니다. 만약 K-방역 정책을 수립했던 분들이 자기 주관을 쉽게 버리지 못하는 특성을 가지고 있다면 이 표현을 듣고 매우 불쾌한 감정을 느낄 것입니다. 본인은 잠도 잘 못 자고 열심히 한국의 방역을 위해 정책을 수립했는데, 그러한 노고가 통째로 부정당하는 느낌을 받을 수도 있을 것입니다.

저자가 이런 반발을 예상하여 책 제목을 'K-방역으로부터 우리가 얻은 것' 정도로 긍정적인 뉘앙스가 풍기도록 썼다면 어땠을까요? 이런 부드러운 표현은 그들의 긍정적인 주관을 보호해 주니까 논란이 덜 했을 것이라고 예상합니다. 이에 반해, 만약 그 정책입안자들이 과학에서 반증 가능성을 자신에게 보다 적극적으로 적용하는 특성을 가진 사람들이었다면, 저런 표현을 듣고도 거부감을 크게 느끼지 않았을 것입니다. 왜냐하면 그들은 자신이 믿던 주관이 틀리다는 사실이 과학적으로 밝혀지면 언제든지 그 믿음을 버릴 준비가 되어 있기 때문입니다. 자신이 수립한 방역정책에 사회적 명예나 개인적으로 소중한 가치를 부여하고 있지 않을 때 할 수 있는 행동입니다. 그들은 대립이 있는 문제에 대해 '관점의 차이'로 결론 내리고 넘어가기보다는 어느 쪽이 옳고 그른지(또는 양쪽 모두 그른지)를 따져서 명확하게 결론 내기를 선호할 것입니다. 사실 엄밀히 말해 "독이 든 성배"처럼 비유적인 명제는 과학적으로 증명할 성질의 것이 아니기 때문에 이런 말을 듣고 모욕감을 느낄 필요도 없습니다. K-방역은 정책이지 술잔이 아니기 때문에 이것이 논리적으로 틀린 명제라는 것을 쉽게 알 수 있기 때문입니다.

주관을 버리는 일의 고통과 장점

남의 주관은 먼저 존중해 주어야 한다면서 왜 필자는 '자기 주관 버리기'를 얘기하는지 의문이 들 수 있겠습니다. 그것은 자신이 가진 주관적인 생각을 유지함으로써 본인이 정신적으로 고통받을 수 있기 때문입니다. 앞에 소개한 책에서는 저자가 상당히 과학적인 근거들을 차근차근 들며 정부 정책의 오류를 비판하고 있는데, 특히나 이렇게 객관적인 사실로 제시된 명백한 반례를 직면할 때 큰 좌절감이 들기도 하고 분노가 치밀기도 하는 등 괴로움을 느끼게 됩니다. 자신이 또 다른 근거를 들며 재반박할 수 없는 사실이 자신의 주관을 버리라는 강한 무언의 압력을 행사하게 됩니다. 하지만 정작 본인은 자신의 인생이 부정당하는 느낌 때문에 주관을 버리는 일이 죽는 것보다 괴롭다는 느낌이 들기도 합니다. 사실은, 아이러니컬하게도, 그 주관을 유지하려고 하니까 괴로운 것인데도 말입니다

주관은 그것을 안 버리는 것에 대한 단점만 있는 게 아닙니다. 자기 주관을 모두 버리면 마음이 편안해지고 세상의 모든 지식과 원리를 스폰지처럼 빨아들이는 자신을 발견할 수 있습니다. 그것이 긍정적인 것이든 부정적인 것이든 자신이 외부로부터 보호하고 싶은 내 머리 속에 고착된 생각이 하나도 없기 때문입니다. 아무 것도 알지 못 하

는 백지(白紙) 상태인 아이들이 무엇이든 빨리 배우는 것과 비슷한 이치입니다. 골프 스윙도 기존에 다른 스포츠를 오래 했던 사람보다 차라리 아무 스포츠도 해 보지 않은 백지 상태인 사람을 가르치는 것이 더 낫다는 말도 있습니다.

로봇의 경우, 사람이 프로그래밍한 규칙들 또는 기계학습에 사용된 데이터로 주관이 형성됩니다. 당연하게도 '주관 버리기'는 로봇에게 매우 간단한 일입니다. 수개월에 걸쳐 밤낮없이 프로세서를 실행하여 학습한 파라미터들도 아깝다는 생각없이 한 순간에 지워버릴 수 있습니다. 오히려 시간이 아깝다는 생각이 드는 쪽은 AI가 학습할 동안 기다렸던 사람들이나 프로세서를 실행하는 데 필요한 비용을 지불한 사람들입니다. AI와 사람의 중요한 차이는 여기에 있습니다.

나는 질 수 없어

〈리미트리스Limitless〉라는 영화가 있습니다. 영화의 주인공은 원고 마감 날짜가 다가오지만 한 글자도 쓰지 못 한 무능력한 작가입니다. 애인에게도 버림을 받습니다. 그런데 우연히 전처의 동생으로부터 얻은 NZT라는 신약을 먹더니 갑자기 하루 아침에 인생이 바뀌어 버립니다. 그 약은 사람의 뇌 기능을 100% 가동하게 하는 약이었던 것입니다. 이 때부터 주인공은 보고 들은 것은 하나도 빠짐없이 기억하고, 하루에 한 개의 외국어를 척척 습득하고, 아무리 복잡한 수학 문제도 순식간에 풀어버립니다. 하루 만에 수준급의 피아노 연주를 하기도 하고, 한 글자도 쓰지 못 하던 소설책 한 권도 후딱 써버리게 됩니다.

물론, 이것은 영화 속의 얘기일 뿐, 세상에 이런 마법의 약은 없습니다. 하지만 필자가 이 영화를 보면서 주목한 대사가 하나 있습니다. 그것은 바로 주인공의 여자친구(애비 코니시 扮)가 NZT를 먹고 한 말입니다.

"*I feel invincible.*"

영어 단어 'invincible'이라고 하면 매우 강하다는 뜻으로 들릴 수 있지만, 정확한 사전적 의미는 약간 다릅니다.

Invincible : *incapable of being conquered, defeated, or subdued*

즉, 이 단어는 세상 누구와 싸워도 이길 만큼 강하다는 뜻이 아니고, 그 누구한테도 '질 수 없다'는 뜻입니다. 세상에 절대 질 수 없는 싸움이 있을까요? 싸움이 일어난다면 내가 지지 않음을 보장받을 수는 없을 것입니다. 하지만 처음부터 싸움이라는 것 자체를 하지 않는다면 어떨까요? 물론 내가 이기는 상황도 없겠지만, '내가 지는 상황'이라는 것도 만들어질 수 없음이 명백합니다. 이기고 진다는 개념 자체가 없어 지는 것이 불가능하니, 위에서 말한 단어의 정의에 따라 invincible하게 됩니다.

자신의 주관을 모두 버리면 이러한 invincible함을 느낄 수가 있습니다. 그것은 누구와 무슨 얘기를 하더라도 내가 그 사람으로부터 싸워서 지키고 싶은 고정관념, 가치관, 믿음, 신념, 자존심 등이 하나도 없기 때문입니다. 이 상태에서는 세상의 모든 지식을 스폰지처럼 빨아들임을 경험할 수 있습니다. 이 상태에서는 오직 그 지식이 사실이냐 아니냐, 세상의 다른 지식에 비추어 말이 되느냐 아니냐만 중요하게 됩니다.

NZT 라는 약이 현실에 존재하지는 않지만, 이렇게 NZT 약을 복용한 뇌의 상태는 우리가 의식적으로 만들어 낼 수 있습니다. 그것은 바로 사물을 어떠한 고정관념이나 편견없이 있는 그대로 바라보려고 하는 것입니다. 사람은 고맥락 해석을 하고 고정관념에 안주하는 습성 때문에 비파사나 명상 같은 수련을 해야 이 상태로 갈 수 있지만, AI는 이미 그렇게 하고 있습니다. 만약 감정을 느낄 수 있는 AI가 있다면 "I feel invincible"이라고 말할 것입니다.

실리콘밸리에 인도인 CEO가 많은 이유

필자가 엔지니어로 근무하던 미국 실리콘 밸리에서 이름만 대면 누구나 알 법한 큰 회사에는 인도인 CEO가 유난히 많습니다. 구글의 순다르 피차이 Sundar Pichai, 마이크로소프트의 사티아 나델라 Satya Nadella, 어도비의 샨타누 나라옌 Shantanu Narayen, IBM의 아르빈드 크리슈나 Arvind Krishna, (舊)트위터의 파라그 아그라왈 Parag Agrawal 등이 그 예입니다. 앞서 '주관 버리기'를 얘기했는데, 이들의 특성과 연관이 있어 살펴보도록 하겠습니다.

얘기에 앞서, 기업의 소유주가 CEO인 경우는 제외하도록 하겠습니다. 소유주는 본인이 원하면 마음대로 CEO를 할 수 있으니까 이

글에서 얘기하고자 하는 개인적 특성의 예로 적절하지 않습니다.* 이 글에서는 구글의 CEO처럼 남의 회사에서 승진하여 CEO가 되는 경우를 다루어 보고자 합니다. 그러니까 '실리콘밸리에 전문경영인 인도인 CEO가 많은 이유가 무엇일까?'라고 재질문해 볼 수 있겠습니다. 전문경영인 CEO가 오너^owner CEO에 비해 다른 점은 CEO가 되기 위해 회사의 이사회로부터 승인을 받아야 한다는 것입니다.

인도인들은 어떻게 여기에 능할까요? 먼저, 실리콘 밸리에 인도인 인구가 많다는 얘기가 있는데, 맞는 얘기입니다. 인구가 적으면 그만큼 전문경영인 CEO의 자질을 가진 사람도 적을 것입니다. 둘째로, 인도가 과거에 영국의 식민지였기 때문에 인도인들이 영어를 잘 해서 그렇다는 얘기도 있는데, 그것도 맞는 얘기입니다. 영어를 능숙하게 하지 못 하면 자신이 일을 잘 해 놓고도 남에게 설명을 그만큼 못 하니 인정받기 쉽지 않을 것입니다. 셋째로, 각주의 블룸버그 기사의 분석처럼, 인도인 경영자들이 인간 중심의 경영을 한다는 얘기도 있습니다. 물론 이것도 높은 직원 만족도와 연결되어 다시 높은 생산성으로 이어진다고 말할 수 있겠지만, '전문경영인 CEO가 되기 위한 필수조건'이라고 하기에는 부족해 보입니다. 회사는 이윤 추구를 목적으로 설립된 기관이고 그 외의 모든 것은 이윤 추구를 돕기 위한 도구일 뿐이기 때문입니다.**

---

* 창업에는 창의성이라는 또 다른 능력이 필요한데 다음 장에서 얘기해 보도록 합니다.
** Why Microsoft and Everyone Else Loves Indian CEOs: There is nothing specifically Indian about empathy, humility, patience and an ability to dream. Yet it is these qualities that distinguish the "Indian club" of overachievers in global business.
  * https://www.bloomberg.com/view/articles/2014-02-05/why-microsoft-and-

모두 일리가 있는 얘기지만, 위에 열거한 것들이 주된 요인은 아닙니다. 전문경영인 CEO 선발 대회가 있다면 똑똑한 사람 뽑기 대회도 아니고 덕이 많은 사람 뽑기 대회도 아닐 것입니다. 물론 멍청하거나 인성이 덜 된 사람이라면 주변 사람들의 신임을 받기가 힘들겠지만, 그렇다고 CEO가 되기 위해서 가장 똑똑하거나 가장 덕이 많을 필요는 없습니다. 그래서 핵심은 그것이 아닙니다.

필자가 뽑는 가장 중요한 전문경영인 CEO의 조건은 '자기 생각을 잘 바꾼다'는 것입니다.

회사 내에서 새로운 프로젝트를 시작하는데 자기 나름대로 이런저런 근거를 바탕으로 '이 프로젝트는 이렇게 되어야 한다'는 방향을 설정했다고 생각해 봅시다. 그 회사가 자기 것이 아닌 이상, 실제로 최종 상품이 생각한대로 만들어질 확률은 제로에 가깝다고 보면 됩니다. 프로젝트를 수행하는 도중에는 말할 것도 없고 프로젝트를 시작하기도 전에 다른 사람들로부터 무수히 많은 비판이 들어와서 수정에 수정을 거듭하게 될 것입니다. 그 상황에서 자기 생각을 빨리 바꿔서 프로젝트를 이끌 수 있어야 살아남을 수 있습니다. 이런 능력이 없는 고위직 임원은 언제 무슨 일이 터져서 쫓겨날지 모르는 일이죠. 다시 말하지만, 회사가 본인 소유가 아니라면 그렇다는 것입니다.

필자가 실리콘 밸리에서 엔지니어로 일하면서 경험한 인도인들 중 능력이 뛰어난 사람들은 이 '자기 생각 바꾸기'에 아주 능합니다. 나중에 우연히 알게 된 것인데, 그들이 여기에 능한 이유는 인도 본토 문화

---

everyone-else-loves-indian-ceos

의 기저에 깔려 있는 힌두 사상의 영향으로 추정합니다.

예를 들어, 하나의 이슈에 서로 다른 해결책을 제안하고 있어 어느 것이 더 나은지 기술적인 토론이 벌어졌다고 생각해 봅시다. 처음에 그들은 자신이 제안한 해결책이 우월함을 강조하기 위해 필자가 한 말들에 대해 열심히 이런 저런 반박을 합니다. 그러다 어느 순간 필자가 명백한 증거를 내세우면 그들이 입장이 돌변합니다. 그리고는 어느새 필자와 같은 입장에 서서 문제를 파고 있는 것을 발견합니다. 마치 그들이 처음부터 필자의 해결책을 제안한 것처럼 말이죠. 이 상황이 되면 필자는 '내가 토론에서 이겼다!' 라는 생각이 들기보다는 오히려 '이 친구 좀 무섭다.' 하는 생각이 듭니다. 비유가 적절한지 모르겠지만, 오바마 전 미국 대통령이 갑자기 무엇인가를 보더니 백인우월주의를 주장하기 시작했다고 상상해 보면 되겠습니다. 그것도 아주 적극적으로 말입니다. '이 사람은 도대체 어떤 사람인가' 하면서 무서운 느낌이 들 만도 하겠죠? 필자가 목격한 장면이 또 하나 있는데, 상사한테 업무 태도를 고치라는 투의 피드백을 받으면 '자존심 상해서 회사 못 다니겠다'는 생각이 들 법도 한데, 다음날로 하루 아침에 다른 사람이 되는 것이었습니다. 얼굴만 똑같고 다른 사람이 출근했나 의아할 정도로 말입니다.

이에 반해, (다수의 한국 사람들을 포함해서) 역시 똑똑하긴 한데 조금 다른 부류의 친구들은 처음에는 똑같이 자기 나름대로 열심히 논리를 펴다가, 여기 저기 약점 잡히고 자기 논리가 안 통하는 상황에 봉착하게 되면 그 다음부터는 가타부타 말을 안 합니다. 자기가 틀렸다는 것을 인정하지도 않고, 그렇다고 필자가 틀렸다고 적극적으로 반박하지도 않는 것입니다. 이렇게 되면 프로젝트가 진행이 안 되기 때문에 외부(상위 매니저)에서 교통 정리를 한 번 해줄 수밖에 없는 상황이 되는데, 여기서 중요한 것은 CEO한테는 그런 외부 중재자가 없다는 것입니다. 회사의 이사회 입장에서 봤을 때 저 사람이 CEO가 되면 회사 프로젝트 진행이 안 될 것 같은데 어떻게 그를 CEO로 임명할 수 있을까요? 성격이 좋아서 이래도 좋고 저래도 좋아서 남과 분쟁을 일으키지 않는 사람을 말하는 것이 아닙니다. 어떤 문제에 대해서 자기 생각이 확고해 보일 정도로 강한 주장을 하다가 외부 입력을 받고 돌변하는 특성을 말합니다. 이래야 전문경영인 CEO가 필요한 추진력과 유연성이 동시에 확보될 수 있습니다.

이상을 토대로 결론을 내려보면, 다른 나라 사람들에 비해 '자기 생각을 잘 바꾸는' 인도 사람들이 많은데(이것이 핵심적인 요건입니다), 실리콘 밸리에 인도인 인구가 많으니 똑똑한 사람도 많고 또 영어도 잘 하니 그 중에 기회를 잡는 사람이 CEO가 된다고 볼 수 있겠습니다.

AI가 저맥락 해석을 하는 이유

실리콘지능과 탄소지능

AI는 어떻게 인간과 다르게 저맥락 해석을 쉽게 할 수 있는 것일까요? AI든 인간의 뇌든 똑같이 지구 상의 물질로 구현되어 있는데 것인데 말입니다. 필자는 그러한 이유로 AI가 무기물로 구현되어 있다는 점에 주목합니다. 무기물은 유기물이 아닌 물질을 말합니다. 혹자는 이런 의미로 AI 지능을 "실리콘 지능"이라고 부르기도 합니다.

유기물은 "생물의 몸을 이루며, 그 안에서 생명력에 의하여 만들어지는 물질"을 의미합니다. 유기물의 화학적 구조는 모두 탄소 원자를 기본골격으로 하고 있습니다. 혹자는 이런 의미로 생물의 지능을 "탄소 지능"이라고 부르기도 합니다. 유기물은 불을 만나면 타서 무기물로 변화되는 특성이 있기도 합니다.

무기물과 유기물의 차이는 단순히 생명체를 이루는 물질이냐 아니냐의 차이입니다. 생명체란, '자체의 물질대사^{metabolism}에 의해 자발적으로 움직이고 성장, 번식하는 물체'를 말합니다.* 생명체는 물질대사를 하며 다양한 세포기능을 실행하기 위해 햇빛을 포도당으로 변환(동화작용)하기도 하고, 세포 구성요소를 만들기 위한 에너지를 생산(이화작용)하기도 하고, 노폐물을 제거하기도 합니다. 이렇게 보면 물질대사가 유지된다는 뜻으로 '생명'이라는 개념도 생기고, 물질대사가 멈춘다는 뜻으로 '죽음'이라는 개념도 자연스럽게 생긴다는 것을 알 수 있습니다.

즉, 실리콘 지능과 탄소 지능의 근본적인 차이는 바로 물질대사의 유무입니다. 탄소 지능은 생명을 유지하기 위해 끊임없이 물질대사를 해야 하기 때문에 어떤 상황에서든 에너지 효율을 중요하게 여길 것입니다. 그래서 효율을 추구하는 고맥락 해석이 자연스럽게 발달하지 않았을까 추정해 봅니다. 반면, 실리콘 지능은 생명이나 죽음이라는 개념이 없기 때문에 효율을 최고의 목표로 할 필요가 없습니다.

고맥락 해석이 생명체 본연의 특성이라고 본다면 변화를 싫어하는 성질 때문에 생명체로 이루어진 사회는 발전하기 힘들다는 것을 알 수 있습니다. 생명을 유지하기 위해 고맥락 해석이 필요하지만 고정관념을 깨고 진보하기 위해서는 저맥락 해석이 필요하기 때문입니다. 그래서 생명체가 그 동안의 경험으로 이루어진 믿음을 버리기 위해 죽음이라는 개념이 필요했다고 볼 수도 있습니다. 스티브 잡스는 이 점을 간파하고 "죽음은 가장 위대한 발명"이라는 말을 남겼습니

---

* <생명이란 무엇인가 : 물리학자의 관점에서 본 생명현상(What is life?: The Physical Aspect of Living Cell)> (원서 1944 first published, Cambridge University Press)

다. 다음 글에서 좀 더 자세히 알아봅니다.

또 한 가지 차이점은, 무기물의 행동이 물리 법칙으로 오차 범위 안에서 꽤 정확히 예측 가능한데 반해 유기물의 행동은 그렇지 않다는 것입니다. 우리가 무기물인 돌을 던지면 매번 똑같은 궤적을 그리며 떨어지듯 AI도 주어진 입력에 따라 매번 똑같은 반응을 하며 출력합니다. 하지만 아무리 간단한 단세포 동물이라도 다음 순간의 행동을 정확히 예측하기란 불가능합니다. 이것은 인류가 아직 생명체에 대한 지식이 충분하지 못하기 때문일 수도 있지만, 필자는 이것이 유기물 본연의 특성일지도 모른다는 생각을 합니다. 3장에서 다시 다루어 보도록 하겠습니다.

죽음은 가장 위대한 발명

생명체의 죽음이 종족 발전을 위해 필요했다는 통찰을 한 사람은 스티브 잡스입니다. 그는 "죽음은 삶의 가장 위대한 발명 Death is the greatest invention of life"이라는 말을 남겼습니다. 그것이 "발명"이기에, 죽음은 삶에게 올 수밖에 없는 불가피한 것이 아니고, 삶이 스스로 선택해서 만든 것이라는 관점입니다. 어떻게 이런 생각에 이르게 되었는지 생각해 봅니다.

인간의 몸은 기존에 존재하던 물체를 조각하거나 주조해서 만든 것이 아니고 세포 하나에서부터 분화해서 만들어졌습니다. 그리고 지금도 인간의 몸에서는 세포가 계속 분화되고 있습니다. 그런데 왜 새로운 기관은 재생해서 만들어내지 못할까요? 아메바처럼 몸을 새로 만들든가 오징어처럼 다리를 재생할 수 있으면 살기 편할텐데 말입니다. 성인이 만들 수 있는 세포는 줄기세포가 아니라서 그렇다고요? 세포라는 기본 단위를 만들 수 있으니, 필요하기만 하다면 진화를 통해서 모든 기관을 재생할 수 있는 줄기세포도 만들어 낼 수 있었을 것입니다.

사실 이미 인간은 머리카락이나 손톱, 발톱, 피부 등등 여러 기관들을 재생할 수 있는 능력이 있습니다. 그 중에 필자가 특별히 주목하는 것은 바로 치아인데, 이는 신기하게도 딱 한 번만 재생을 하고 그 다음부터는 하지 않습니다. 한 번 재생할 수 있는데 왜 여러 번 계속 하지 않을까요? 마치 자동차 타이어를 갈듯이 계속 이를 갈 수 있다면 죽을 때까지 이 썩는 걱정을 안 해도 됩니다. 따라서 재생은 '못 한다'기보다는 '안 한다'고 보는 것이 더 합리적입니다. 예전에 사람들이 모인 자리에서 이런 질문을 던져 봤는데, 이런 저런 가설이 나왔습니다. 이를 갈다가 세균에 감염될 수 있다는 등 듣기에 꽤 그럴싸한 것이 있었는데, 결국 중요한 것은 '못 한다'기보다는 '필요에 의해서 안 한다'는 것이었습니다.

이런 생각은 자연스럽게 죽음에까지 확장될 수 있습니다. 이미 설계도는 DNA에 보관되어 있으니 노후된 기관을 재생해서 영생을 하면 되지만 생명체가 일부러 노화 현상을 방치하고 죽는 것을 택했다는 것입니다.

스티브 잡스는 생명체가 혁신을 하기 위해서 죽음을 선택했다고 생각했습니다. 생물은 원래 영생을 했는데, 세상으로부터의 기억이 쌓이고 그 상태에 자꾸 안주^{settle}하려는 성향 때문에 발전이 안 되고 정체한다는 것을 발견한 것입니다. 그래서 고육지책으로 죽음으로써 기존의 기억을 다 지우고 다시 세상을 경험하는 것을 택했습니다. 고정관념을 버리고 세상을 새로 보면 안 보이던 것들이 보이기 시작하는데, 이것이 혁신을 불러왔습니다. 새로운 세대는 이전 세대가 어떤 과정을 거쳐 현재의 결과물을 만들었는지 알지도 못 하고 관심도 없습니다. 현재 상태에서 자기가 보기에 불만족스러운 것만 보게 되고, 그것을 개량하기 위해 애씁니다. 이 과정에서 혁신이 나오게 됩니다. 스티브 잡스는 인간의 이런 안주하려는 성향 때문에 조직체계가 비대한 대기업에서는 혁신이 나오기 매우 힘들다고 봤습니다. 애플사가 '우리는 대기업이 아니고 거대한 스타트업'이라고 주장했던 이유가 여기에 있습니다.

반면, 무기물로 이루어진 AI는 죽음이라는 개념이 없기 때문에 혁신을 하기 위해 이렇게 자기 파괴적인 행동을 할 필요가 없습니다. 전원을 끄면 죽은 것 같지만 다시 켜면 본래의 상태로 돌아옵니다.

생물의 진화 vs. AI의 진화

고맥락의 생물 지능(탄소 지능)과 저맥락의 AI(실리콘 지능)의 차이를 에너지 공급의 관점에서 생각해 봅니다.

생명체는 단세포 때부터 이동체mobile device였습니다. 진화해서 고등동물이 되는 것도 다음 세대를 위해 좋지만 그보다 당장 최소한의 에너지로 자신이 생존하는 일이 훨씬 더 중요합니다. 자신이 죽으면 다음 세대를 생각할 겨를도 없이 끝이니까요. 그래서 생존에 불필요할 정도의 깊은 의미나 인과관계를 파악하기 위해 에너지를 쓰기 보다는 주어진 환경에서 생존하는 데 필요한 만큼만 에너지를 사용하는 쪽으로 발달하게 되었습니다. 새로운 적을 만났을 때 내가 피해야 할지 대결해야 될지에 필요한 정도의 정보만 알면 되지, 정확히 몇 cm 만큼 떨어져 있는지 적이 어떤 기작을 통해 나에게 위해를 가할 것인가까지 구체적으로 알 필요는 없습니다. 또한, 생존에 필요한 에너지를 쓰고 남는 것으로 진화를 한다고 해도 어느 방향이 유리한지 오직 시행착오를 통해만 찾아야 했을 것입니다. 이 과정에는 많은 에너지와 시간이 필요했을 것입니다. 몸이 생존해야 한다는 제한 조건을 가지고 스스로 진화의 방향을 찾아야 하기 때문에 이런 진화의 속도는 느릴 수밖에 없습니다.

반면, AI는 처음부터 벽에 있는 파워 아웃렛으로부터 거의 무한한 에너지가 공급될 수 있다는 가정 하에 진화를 시작했습니다. AI에게는 죽음이라는 개념조차 없으니 스스로 생존에 필요한 에너지를 만들어 낼 필요도 없습니다. 효율성을 위해 부족한 정보로 상황을 지레짐작할 필요가 없고 더 정확한 결과를 빠르게 내는 데에만 집중하면 됩니다. AI는 외부의 고성능 컴퓨터로 미리 계산한 결과를 넘겨 받아 진화를 만들어 낼 수도 있습니다. 이런 진화의 속도는 매우 빠를 수밖에 없습니다. 마치 외부 투자 없이 매출과 수익을 만들어 자립하면서 성장해야 하는 스타트업과 외부로부터 무한대의 자금과 조언을 공급받아 성장하는 스타트업의 차이라고 할 수 있겠습니다.

AI는 저맥락으로 무슨 문제든 곧이곧대로 짐작없이 처리하니 눈치 없고 답답해 보이지만 그 결과는 매우 정확하고, 생물은 고맥락으로 부족한 정보로 짐작하며 문제를 해결하니 마치 남의 마음을 읽는 듯 스마트해 보이지만 부정확하기 일쑤입니다.

  이렇게 생물과 AI의 진화는 본질적으로 다릅니다. AI가 처음 등장했을 때에는 귀엽게 보이는 수준이었습니다. 이미 수억 년 진화된 결과물인 인간의 눈에 그렇게 보일 수밖에 없었습니다. 하지만 AI의 진화 속도는 생물의 진화 속도에 비교할 수 없을 정도로 빠릅니다. 급기야 최근에는 '과연 사람이 AI보다 잘 할 수 있는 것이 무엇일까?'를 생각하게 되는 수준에 이르렀습니다.

과학 기술의 진보

기술의 진보는 생존 본능

기술의 진보가 왜 필요한가에 대해 회의적인 시각을 가진 사람들이 있습니다. 과학 기술이 진보하지 않더라도, 문명의 혜택을 좀 덜 누려도 사람들은 충분히 행복하게 살 수 있다는 것입니다. 기술 발전을 그만하고 자연으로 돌아가야 한다는 시각을 가진 사람들도 있습니다. 대자연은 균형과 조화를 이루고 있으니 인간은 환경 파괴를 멈추고 자연의 품에서 살아야 한다는 것입니다.

분명 일리가 있는 문제제기입니다. 산업혁명 이후 화석연료의 과도한 사용이 지구 온난화를 초래했다는 것은 과학적으로 입증된 사실입니다. 사람들이 스마트폰, 소셜 미디어, 온라인 게임 등 중독되어 사회문제화 되는 것도 사실입니다. 그 외에도 기술의 발전이 가져온 부작용의 예는 있겠지만, 하지만 그렇다고 해서 우리가 기술 개발을

멈출 수는 없습니다. 생각해보면 더욱 근본적인 문제가 있다는 것을 알 수 있기 때문입니다.

지구에서 우리가 "대자연"이라고 칭하면서 경배하고 있는 것은 균형과 조화를 스스로 이룰 수 있어서 자체적으로 존속 가능한 모델이 아닙니다. 지구 생태계는 태양 에너지에 전적으로 의존하고 있어 위험한 모델입니다. 태양이라는 별의 생성과 소멸 과정을 보면 지구도 언젠가는 죽음의 행성이 된다는 것은 확실합니다. 태양의 수명은 100억년 정도인데 이제 약 45억년이 지났다고 추정합니다. 문제는 태양이 적색거성으로 진화하고 있다는 것입니다. 이런 태양이 지구를 점점 생물이 살기 어려운 뜨거운 행성으로 변하게 할 것입니다.

> "약 10억 년이 지나면 지구에 있는 수증기는 모두 증발하여 바닥을 드러낼 것으로 예측됩니다. 아주 오래 전에는 금성이 지구처럼 생명체가 살 수 있는 장소였다면 이제는 지구가 금성처럼 될 차례입니다. 태양이 점점 커지고 있기 때문입니다. 이 무렵 지구는 골디락스 존(생명 서식 지역)의 행성에서 퇴출되는 대신 화성이 그 자리를 차지하게 될 것입니다."*

지구의 미래는 금성입니다. 금성도 예전에는 생물이 살만한 환경이었지만 지금은 표면 온도가 섭씨 450여도에 이르는 뜨거운 행성이 되었습니다. 수증기가 모두 증발하기 전에 이미 인류는 지구에서 살기 어려울 테니 앞으로 약 1억년 정도가 남았다고 보면 됩니다. 사

---

* https://nownews.seoul.co.kr/news/newsView.php?id=20150214601009

실 1억년까지 기다릴 것도 없습니다. 이미 지구에는 네 번 이상의 빙하기가 있었습니다. 그 이유로 드는 것이 공전궤도의 이심률, 운석 충돌, 세차운동 등과 같은 아주 미세한 차이인데 그런 환경변화만으로도 지구를 수백만 년 지배했던 공룡은 쉽게 멸종했습니다. 더구나 요새는 온난화로 2050년이면 이미 지구가 살기 힘든 환경이 될 것이라는 비관적인 예측까지 나오고 있습니다.

그러니까 먼 미래에 지구에서 인류가 멸종한다는 것은 기정 사실이고, 여러 가지 다른 요인으로 인해 훨씬 더 가까운 미래에 그러한 사건이 일어날 수 있는 것입니다. 인류가 생존하기 위해서는 그런 대멸종 사건이 일어나기 전에 지구를 떠나고 더 나아가서는 태양계까지 벗어날 수 있는 기술을 찾아야 합니다. 그렇게 보면 인류는 이 지구라는 조그만 행성에서 거대한 수수께끼를 풀며 서바이벌 게임을 하고 있다는 생각이 듭니다. 태양계를 벗어나면 그만한 새로운 에너지원을 찾아야 하니 더 어렵습니다. 그러므로 태양계를 벗어나는 것은 일단 나중에 생각하기로 하고 일단 더워지고 있는 지구를 떠나 화성으로 이주하는 것을 첫 번째 목표로 잡는 것은 일리가 있어 보입니다.

기술의 진보는 인간이 좀 더 편하게 살아보고자 하는 이기적인 욕구에서 나오는 것이 아닙니다. 생존을 위한 본능적인 인류의 몸부림입니다. 마치 물에 빠진 사람이 살고자 허우적거리는 것과 비슷합니다. 물에 빠진 사람을 향해 왜 그렇게 힘들게 허우적거리느냐고 묻거나 소란 그만 피우고 적당히 하라고 제안할 수는 없습니다. 기술의 진보가 왜 필요한지 모르겠다고 생각하는 사람들은 단지 지금 우리가 물에 빠졌다는 사실을 모르고 있을 뿐입니다. 인류 멸종을 향한 시간은 오늘도 흘러가고 있고, 인류는 지금도 과학기술의 진보를 거듭하며 살아날 궁리를 하고 있습니다.

앞으로 언제 또 어떤 천재가 역사에 등장하여 인류가 직면한 수수께끼를 해결할 수 있는 기술을 개발할 지 모르겠습니다. 하지만 그런 일이 일어날 것이라는 점은 분명합니다. 그리고 AI의 발전은 그러한 기술 발전을 한층 가속할 것입니다.

성경 속 로봇 얘기

과학기술 발전은 인류가 생존하기 위한 몸부림이라는 얘기를 했습니다. 하지만, 필자는 인간이 너무 늦지 않게 우주에 가서 살 수 있을 만큼의 기술 발전을 이룰 지에 대해서는 회의적입니다. 인간의 두뇌는 처리 속도도 너무 느리고 기억력도 안 좋고 서로 감정적으로 대립하여 갈등을 빚기도 하기 때문입니다. 그리고 지구가 살기 힘든 환경이 되었을 때 마치 비를 피하듯 지구를 버리고 인류가 화성에 가기만 한다고 살아날 수 있을 리는 만무합니다. 미리 가서 화성을 개발해 놔야 하는데, 이 작업을 인간이 한다면 몇 년이 걸릴 지 모릅니다. 1억 년마저도 짧은 시간일 수 있습니다.

"노아는 하나님의 명령에 따라 배를 만들고 가족과 정결한 짐승 암수 일곱 마리씩, 부정한 짐승 암수 한 마리씩(혹은 두 마리씩; 사본에 따라 다름), 그리고 새 암수 일곱 마리 씩을 싣고 밀어닥친 홍수를 피하였다."*

성경의 창세기를 보면, 노아가 하나님으로부터 미래에 닥칠 큰 홍수에 대한 계시를 받고 방주를 만들어 짐승들을 구원했다는 얘기가 나옵니다. 이것은 지구의 환경변화로 인해 멸종 사건이 기정사실화된 인류의 얘기와 흡사합니다. 그렇다면 노아는 누구가 될까요? 필자는 그것이 AI+ 로봇이라고 예상합니다. 인류가 다가올 멸종으로부터 살아날 수 있는 방법은 노아가 되는 게 아니고, 노아의 방주에 탄 짐승이 되는 것입니다. 인간은 지구 밖에서 생존할 수 없고 홍수가 나기 전에 방주를 지을 만큼 지능이 뛰어나다는 보장도 없습니다. 이에 비해, AI+로봇은 극한 환경에서 견딜 수 있고 데이터 처리 능력이나 기억력은 인간의 뇌에 비할 수 없을 정도로 좋습니다. 물론 이들도 방주를 지을 수 있다는 보장을 해 줄 수 있는 것은 아니지만 24시간 쉬지 않고 일할 수 있는 이들이 인간보다 그럴 가능성이 높다는 것입니다. 인간들은 이들이 만든 우주선에 올라타서 지구에 닥친 재난을 피해야 할 것입니다.

성경 속 노아의 방주 얘기에서 한 가지 흥미로운 점이 보입니다. 노아가 정결한 짐승 뿐만 아니라 부정한 짐승도 1쌍씩 방주에 태웠다는 것입니다. 화성으로 이주할 때 인류의 생존에 유리하다고 판단되는 사람들만 태우고 가야 한다고 생각하기 쉬운데, 그렇게 정결/부정을 지구 환경에만 비추어 섣불리 판단하지 말라는 뜻으로 해석됩니다. 환경이 변하면 정결/부정의 양상도 바뀔 수 있기 때문 아닐까요?

* https://ko.wikipedia.org/wiki/노아의_방주

AI는
정의로울까?

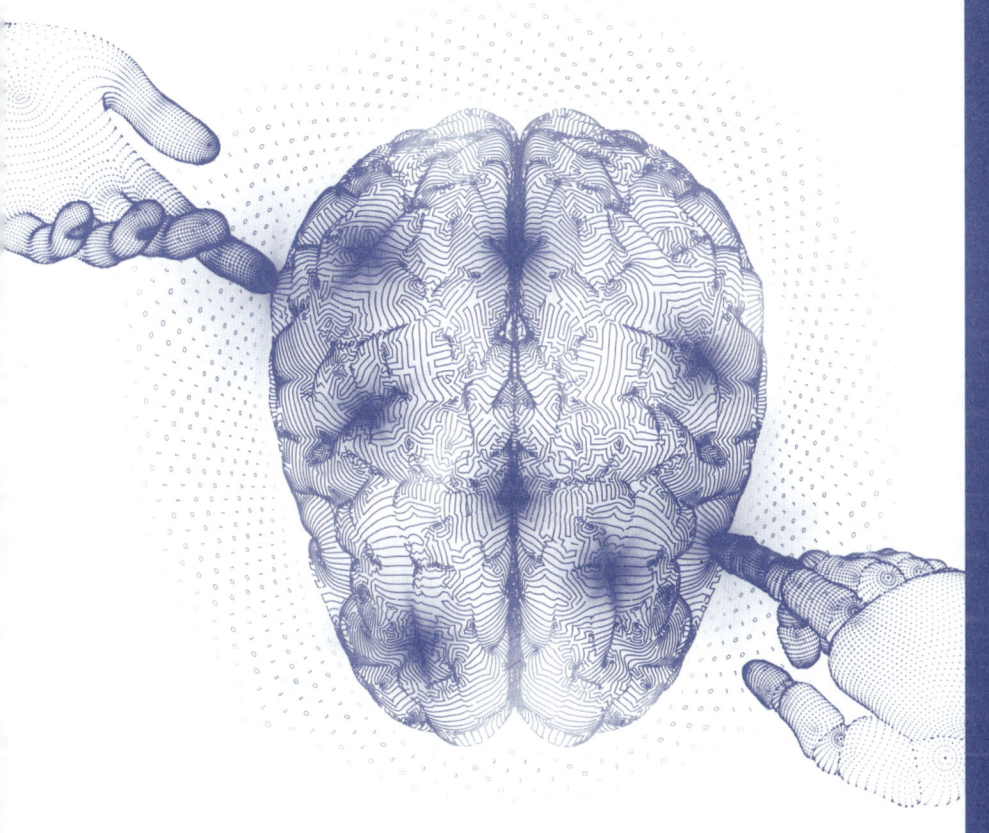

AI+로봇

AI가 가진 저맥락적 특성이 정의롭다고 할 수 있을까요? 사람들은 AI의 발전을 놀라움과 동시에 두려움의 시선으로 바라봅니다. AI가 세상을 인간과 다르게 해석한다면 그것이 인간에게 해를 끼치는 방향으로 진행될 지도 모르기 때문입니다.

　앞 장에서 AI의 저맥락성이 "객관"과 "진보"의 개념과 밀접한 관계가 있다는 얘기를 해 보았습니다. 이번 장에서는 그런 AI의 특성이 이 사회에 가져올 변화가, 우리가 정의(正義)나 선(善)이라고 부르는 것과 어떤 관계가 있는지 철학적인 고찰을 해 봅니다.

　결론부터 말하면, AI의 발전은 이 사회를 더 정의롭게 만들고 진보시킬 것입니다. 하지만 이것이 반드시 만인의 행복을 뜻하지는 않는데, 여기서 정의란 진보를 수반하는 개념이기 때문입니다. 이 점이 보수적인 사람들에게는 힘든 시간을 의미할 수도 있습니다.

저맥락 사회로의 변화

반지성주의의 극복

필자는 AI로 인해 사회가 더 합리적으로 변할 것이라고 예상합니다. 특히 반지성주의$^{反知性主義, Anti-intellectualism}$가 극복될 것이라고 기대합니다. 인간도 동물이므로 인간 사회에 감성적인 요소가 만연하는 것은 놀라운 일이 아닙니다만, 반지성주의는 의식적으로 지성을 배격하겠다는 사상이라서 사람의 감성을 소중히 여기는 자세와는 다릅니다.

반지성주의란, 지성이나 이성을 부차적인 것, 하찮은 것 또는 심하게는 쓸모없는 것으로 보는 사상입니다. 반지성주의는 당면한 사항에 대해, 옳다/그르다 보다는 좋다/싫다 를 판단의 근거로 삼기 때문에 '좋지만 틀린 것', '싫지만 옳은 것' 이런 생각을 못/안/덜 한다고 합니다. 쉽게 말해서, 생각^{thinking}을 경시하고 느낌^{feeling}을 우선시한다고 보면 됩니다.

가령 대통령 선거에서 정책보다는 후보자의 가족관계와 출신지에 집착한다든가 토론에서 발언 내용에 대한 반박보다는 후보자라는 인간 자체를 공격하는 것들을 들 수 있습니다. 객관적인 내용보다는 어조나 표현에 더 민감하고, 이성에 의한 합의보다는 감정적으로 남을 설득하는 것이 더 중요하다고 보는 것도 여기에 포함됩니다.

필자는 우리 사회에 이런 반지성주의가 생기는 이유로 다음과 같은 것들을 추정합니다.

1. 스스로 옳고 그름을 판단할 지성이 부족한 경우
2. 세상에 1번에 해당하는 사람이 너무 많기 때문에 자신은 옳고 그름을 애써 따지기보다는 그들을 감싸 안아야 한다고 생각하는 경우
3. 자신이 그동안 너무 이성적으로 무미건조하게 살아왔다는 것에 대한 반작용으로 이제는 감성적이 되어야겠다는 자기 반성
4. 이성으로 풀 수 있는 문제가 결국에는 제한적이라는 생각에 이성 자체에 회의가 온 경우
5. 사회가 너무 비이성적이라 이성에 의한 접근 방법이 계란으로 바위 치기로 느껴져서 회의가 온 경우
6. 이성적으로 얘기를 하면 본인이 똑똑함을 자랑하는 것처럼 보여 겸손하지 않다고 생각하는 경우

등등…

사람들이 속으로 무슨 생각을 하고 있는지는 중요하지 않습니다. 내적인 이유가 무엇이든지 간에 겉으로 보기에는 모두 반지성주의적

이기 때문입니다. 그리고 바로 그 겉으로 보이는 것들이 모여서 사회 전체의 반지성주의적 현상을 규정하게 됩니다. '나는 지성인이지만 감성이 더 중요하다고 생각한다' 라는 말은 주객이 전도되었습니다. 그렇게 얘기하는 사람은 이미 지성인으로 보이지 않기 때문입니다.

반지성주의는 전체주의적 독재정에서 정치적 이견을 압살하기 위해 흔히 나타나는 양상이라고 합니다.* 대표적인 예가 히틀러인데, 그의 저서 〈나의 투쟁〉에 있는 문구들을 보면 '아리아인은 위대하다'라는 단순 가치관 하나만 아무 의심없이 받아들이면 그 후에 그가 하는 선동적인 말들이 매우 설득력 있게 들린다는 것을 알 수 있습니다. 히틀러는 진정 남을 설득하는 방법을 잘 알고 있었다는 생각이 듭니다.

> "선전이란 대중이 가슴 속에 무슨 생각을 가지고 있는지를 파악해, 이를 바탕으로 보다 많은 대중의 이목을 집중시키고, 나아가서는 이들의 속마음을 사로잡기에 적당한 심리적 수단을 찾는 것이다."**

이러한 선동 방법이란, 대중들의 '머리보다는 가슴을 공략하여 본인이 원하는 방향으로 사람들의 심금을 울리거나 원하지 않는 방향으로 사람들의 가슴을 불편하게 만드는 것'입니다. 반지성주의 사회에서의 지배층은 이성이 차갑고 인간미 없고 남에게 상처주는 칼이라고 피지배층을 세뇌시킬 것입니다. 왜냐하면 피지배층이 이런 능

---

* 물론 이 명제의 역은 성립하지 않습니다. 반지성주의가 반드시 전체주의가 발전되지는 않습니다.
** http://librekim.khan.kr/562

력을 가지고 있다면 언제라도 지배층을 향해 공격을 가할 수 있는 무기가 되기 때문입니다. 그렇게 세뇌 당한 피지배층의 뇌는 정말로 지배자가 자기에게 보여주는 따뜻함에 감동받고 다른 사람들의 이성적인 언행을 보고는 상처받습니다. 그리고 지배층의 말이 맞다고 느끼면서 더욱 복종하게 될 것입니다. 이 원리를 이용하여 남을 지배하면서 살 것인가 아니면 스스로 극복하고 자신과 피지배층을 구할 것인가는 전적으로 본인의 선택에 달려있습니다.

AI는 가슴을 가지고 있지 않으니 히틀러같은 훌륭한(?) 언변가가 무슨 말을 해도 선동될 리가 없습니다. 그래서 AI의 발전으로 점차 반지성주의가 사라질 것이라고 기대합니다.

한편, 서울대 최정운 교수는 그의 저서 〈한국인의 탄생〉에서 한국 사회의 반지성주의에 대해 그것이 소위 지식인들의 무력감으로부터 비롯되었다는 얘기를 합니다. 35년이라는 긴 시간 동안 일제 식민지 치하에서 자의식이 억눌려 있었던 한국인들을 생각했을 때 상당히 일리 있는 통찰입니다.

"반지성주의는 못 배운 민중의 목소리가 아니다. 한국 사회의 반지성주의의 뿌리는 지식인들의 자조와 자기방어에 있었다. 사회 현실에 밀착하여 생산, 논의되지 않는 지식은 자조를 낳고, 지식의 이름으로 권력의 이익을 대리 관철한 지식인들의 존재는 나머지 지식인들의 선긋기와 자기방어를 낳는다. 그런데 지식인들이 자신에게 던지는 자조와 자기방어의 언어는 진원지를 훨씬 넘어 유포된다. 민중은 원래 자기의 언어가 아니었던 반지성주의를 자신의 존재를 규정하는 언어로 잘못 알게 된다. 그 결과 권력은 더욱 손

쉽게 민중의 인식을 주조할 수 있게 된다. 따라서 민중이 직접 지성을 활용하여 의사결정을 할 수 있도록 하는 새 민주주의를 이야기하고 추구하는 것만이 우리 근대사의 비극에서 시작된 지성에 대한 무력감과 회의주의를 극복하는 길이다."*

최 교수는 '민중이 직접 지성을 활용하여 의사결정을 하는 것'이 반지성주의를 극복하는 방법이라고 밝히고 있습니다. 대중이 이 일에 하는데 있어서 합리성에만 기반하는 AI가 큰 도움을 줄 수 있을 것입니다. ChatGPT로 대중에게 널리 알려지기 시작한 거대 언어모델^{Large Language Model, LLM}은 현재 놀라운 수준에 이르렀습니다. 업그레이드 된 모델인 OpenAI-o1은 이미 변호사 시험, 수학시험 등에서 보통 인간의 수준을 뛰어넘었다는 평가를 받고 있습니다. 가끔 말도 안 되는 얘기마저 그럴 듯하게 말하기도 하지만 (=환각^{Hallucination} 현상이라고 부릅니다) 이 문제도 점차 극복될 것으로 예상합니다. 민중은 그들에게 당면한 문제에 대해 대규모 언어 모델이 가르쳐 주는 정보를 기반으로 스스로 의사 결정할 수 있게 될 것입니다. 최근에는 어떤 표현이 정치적으로 올바른^{Politically Correct} 지 확인하고 올바르지 않다면 그 이유까지 설명해 주는 기능도 등장했습니다.** 여론을 분석해 주기도 하고***, 소셜 미디어 플랫폼에서 중재자 역할****을 해 주는 AI도 있습니다.

---

*   https://www.khan.co.kr/culture/book/article/201312192133005
**   https://chatgpt.com/g/g-2bczE78WD-politically-correct-gpt
*** https://www.ocoya.com/
**** https://www.unitary.ai/

이런 도구들은 모두 대중들이 합리성에 기반하여 현실 정치에 참여하도록 도와줄 것으로 기대됩니다. 그래서 대중의 속마음을 사로잡으려 하는 언변가들의 선동으로부터 그들을 지켜줄 것입니다.

지나가는 이야기: Demagogue

Demagogue: a political leader who seeks support by appealing to popular desires and prejudices rather than by using rational argument.

데마고그(선동정치가): 이성적인 변론보다는 대중의 기호나 편견에 기대어 지지를 얻으려는 정치 리더

민주주의와 관련한 단어들은 한국어보다는 영어가 더 발달되어 있는 것 같습니다. 민주주의의 역사가 길어서 그렇다고 볼 수도 있지만, 그것보다는 민주주의가 자생했기 때문이라고 추정합니다. "Demogague" 와 같은 단어를 보면 그들은 민주주의 제도에서 나올 수 있을 법한 부작용들을 한 번 씩 깊이 생각해 봤다는 느낌이 듭니다. 정확한 단어로 현상을 지칭하는 것만 하더라도 이미 문제의 반은 푼 것이나 다름이 없습니다.

"Demagogue를 한국말로는 '선동 정치가'라고 하고 사전에는 다음과 같은 뜻으로 나옵니다.

『정치』대중의 편견과 감성에 호소하여 대중을 선동함으로써, 공익을 위장하여 사익을 도모하는 정치가

하지만 이것은 다음과 같은 의문을 불러일으키기 때문에 명확한 정의가 아니라는 생각이 듭니다.

대중의 편견과 감성에 호소하면 사익을 도모하게 되는 것인가?

공익을 도모한다면 편견과 감성에 호소를 하더라도 demagogue가 아닌가?

또, 편견과 감성에 호소했지만 대중이 전혀 선동되지 않았다면 demagogue가 아닌가?

따라서 처음 소개한 영어 정의가 훨씬 명쾌합니다.

AI가 정치를 한다면 선동정치가로 인한 폐해가 줄어들 것입니다. AI가 대중이

> 필요한 정보를 제공하는 역할과 그들이 감성에 휩쓸리지 않고 이성을 활용해 의사결정을 내리는 데 도움을 줄 것이기 때문입니다.

법조계의 신뢰 회복

AI가 직접적으로 사회 정의에 기여할 것으로 예상되는 분야는 법조계입니다. 이 분야에서는 저맥락 사고가 특히 중요하기 때문입니다. 대규모 언어모델(LLM)은 이미 변호사 시험을 상위 10%의 성적으로 통과하는 수준에 이르렀습니다. 혹자는 AI가 많은 판례들을 암기하여 내뱉는 기계에 불과하므로 다양한 상황을 이해해야 하는 판사 업무를 할 수 없다고 하지만 이것은 AI의 능력을 과소평가하는 발언입니다. AI는 이미 생각의 사슬 Chain of Thought 처럼 인간의 논리적 사고 과정을 밟는 수준에 올라와 있습니다.

AI판사가 특히 필요한 이유는 우리 사회에 만연해 있는 사법부 불신 현상 때문이기도 합니다. 사람들은 우리 사회에 무전유죄, 유전무죄無錢有罪, 有錢無罪라는 잘못된 관행(?)이 있다고 생각합니다. 하지만 엄밀히 말하면 무전유죄는 없습니다. 죄가 있으니까 유죄판결을 받는 것이지 죄도 없는데 돈이 없다는 이유만으로 사법부가 누명을 씌우지는 않으니까요. 오직 유전무죄의 관행만이 있는데, 그 때문에 상대적으로 무전유죄처럼 보이는 것입니다. 그러니까 '무전유죄, 유전무죄'의 잘못된 관행이 있다면 유전무죄를 고치는 데에 초점이 맞추어져야지, 있지도 않은 무전유죄를 고치려 한다면 해결이 요원해질 것입니다. AI판사는 특정인의 배경을 고려하지 않고 오직 사실관계와

법조문만을 보고 판단하여 만인 앞에 평등한 법 집행을 이루어 낼 수 있을 것입니다. 그렇게 유전무죄의 관행이 없어지면, 무전유죄라는 애초에 있지도 않은 관행도 없어질 것입니다.

AI는 사법 뿐만 아니라 입법활동에도 도움을 줄 수 있습니다. 사람들이 분노할 만한 사건이 터진 후 여론에 휩쓸려 어설픈 법 조항이 급히 제정되기도 하는데, AI는 감정을 가지고 있지 않으니 사회 분위기에도 휩쓸리지 않을 것이기 때문입니다. 윤창호법을 예로 들 수 있습니다. 윤창호 사건은 가해자가 2018년 혈중 알콜 농도 0.181%의 만취 상태로 차량을 몰다 당시 군복무 중 휴가 나온 윤창호 씨를 치어 사망에 이르게 한 사건을 말합니다. 가해자가 비교적 낮은 징역 6년의 선고를 받아 국민적인 공분을 샀고 이후 음주운전과 관련된 처벌이 강화되었습니다. 이 때 음주운전 사망사고 시 형량을 3년 이상으로 변경하고, 운전 금지 기준을 혈중 알콜 농도 0.03%로 낮춘 것을 사람들은 "윤창호법"이라고 부릅니다. 눈치 챈 독자도 있겠지만, 개정된 법이 정작 윤창호 사건의 결과에는 아무런 영향을 미치지 못한다는 것을 알 수 있습니다. 윤창호법 없이도 여전히 가해자에게 징역 6년 선고가 가능하고 당시 가해자의 혈중 알콜 농도는 이미 개정 전의 기준치인 0.05%를 훨씬 상회하는 0.181%였기 때문입니다. AI 보좌관은 이런 법개정이 불필요함을 국회의원에게 지적해 줄 것입니다.

확대되는 표현의 자유

> "나는 당신 말에 동의하지 않지만, 당신이 말할 권리를 위해 목숨을 걸고 싸우겠다."

볼테르가 말을 했는지 안 했는지 확실하지 않다고 하는데, 암튼 유명한 말입니다.

여기서 나오는 "당신 말"에는 인종혐오가 들어갈 수도 있지만, 인종평등이 들어가도 안 될 이유가 없습니다. 흑인을 혐오하던 볼테르가 인종평등을 부르짖는 사람들에게 저 말을 했다고 생각해 보시면 여전히 성립한다는 것을 알 수 있습니다.

헌법은 기본적으로 모든 사회 구성원들에게 사상의 자유를 보장하고 있습니다. 우리가 XX를 좋아하거나 싫어할 사상적 권리를 가지고 있는데, 그 XX에 '흑인'이 들어갈 수 없다는 것은 좀 이상합니다. 즉, 흑인은 혐오의 대상이 될 수 있고, 오히려 그러면 안 된다는 생각이 위헌적인 발상이라고 보입니다.

그렇다면 흑인혐오를 '표현할' 자유는 어떨까요. 사회가 표현의 자유를 어디까지 허용할 것인가는 오래된 난제입니다. 현재는 이렇게 공공연하게 특정 인종을 향해 폭력을 조장하는 발언은 증오발언(hate speech)라고 하여 국가에 따라서는 이를 범죄로 규정하기도 합니다.

하지만 증오발언이 아닌 객관적인 사실을 말했을 뿐인데도 이것이 남에게 상처가 될 수 있다는 이유로 범죄가 되는 경우가 있습니다. 소위 '사실적시에 의한 명예훼손죄'입니다.

> 형법 제307조(명예훼손) ① 공연히 사실을 적시하여 사람의 명예를 훼손한 자는 2년 이하의 징역이나 금고 또는 500만원 이하의 벌금에 처한다.

사실 적시에 의한 명예훼손죄는 UN에서도 반복적으로 폐지를 권고하고 있는 법입니다. 이것이 표현의 자유를 과도하게 억압하기 때문입니다. 표현의 자유를 제한하면 할수록 사회가 획일적이고 건강하지 못하게 됩니다. 헌법재판소에서는 계속 합헌 결정이 나고 있는 중이지만 여전히 논란은 끊이지 않고 있습니다. 법조계에서도 의견이 엇갈리는데, 폐지를 반대하는 쪽에서 내세우는 이유는 한국 사회에서는 사실이더라도 과도한 도덕적 지탄을 받을 수 있다는 것이라고 합니다.

AI는 감정이 없으므로 증오발언으로부터 선동될 일도 없고 도덕적 지탄의 대상이 될 수도 없습니다. 그래서 AI+로봇 시대에는 볼테르가 주장했던 표현의 자유 쪽에 무게가 더 실릴 것입니다.

정의正義로움이란?

다름과 틀림

다름different과 틀림wrong은 사람들이 혼동하기 쉬운 개념입니다. 많은 사람들은 다름과 틀림에 대한 충분한 고민없이 습관적으로 "틀리다"고 말하곤 합니다. 예를 들어, "그들이 입는 옷은 우리와 좀 틀려", "사람들은 아침에 일어나서 하는 습관이 다 틀려"라고 말입니다. 옷이나 습관처럼 단지 서로 다른 것일 뿐인데 틀리다고 말하면 마치 그것이 '하면 안 되는 행동'처럼 들리기 때문에 이것은 사람들 사이에 갈등을 만들 수 있습니다. 다양성Diversity은 사회를 건강하게 만드는 요소 중 하나이므로 사람들은 이런 잘못된 표현을 공개적으로 지적하고 고치려고 하기도 합니다.

하지만 그 반대의 경우도 생각해 볼 수 있습니다. '남이 다르다'는 말도 '남이 틀리다'는 말만큼 조심할 필요가 있습니다. 명백히 틀린 행동을 보고 다르다고 포장한다면 이 역시 사람들 사이에 갈등을 만들 수 있기 때문입니다. 다른 사람에게 폭력을 행사하길 좋아하는 사람을 단지 '좋아하는 성향이 다른 사람'이라고 할 수 있을까요? 지구가 우주의 중심이라고 하는 사람을 단지 '믿는 바가 다른 사람'이라고 치부할 수 있을까요? 틀린 것을 다르다고 말하는 것 역시 사회가 그 틀린 생각을 배격할 수 없도록 만들기 때문에 사회를 건강하지 못하게 만드는 요소입니다. '다름'이란 다양성을 인정하는 측면만 보면 좋은 것 같지만 항상 그렇지는 않습니다. 의사 결정이 필요한 상황에서 틀린 선택을 배격하지 못한다면 힘을 가진 사람들이 원하는 쪽으로 잘못 결정되기 쉬울 것입니다. 나쁘게 보자면, '다르다'는 자신이 틀렸다는 점을 인정하기 싫어하는 사람들이 자주 쓰는 표현이기도 합니다.

다름과 틀림의 핵심적인 차이는 그것이 '합리적인 근거에 의해 뒷받침 될 수 있느냐'에 있습니다. 아침 식사로 빵과 스크램블 중 하나를 선택하는 문제는 '다름'의 영역에 있는 문제입니다. 우리는 둘 중 하나의 선택이 틀렸다고 말할 만한 근거를 찾기 힘들기 때문입니다. 반면, 독이 든 사과가 아침 식사의 선택지에 있다면 우리는 그것이 명백히 틀린 선택임을 알 수 있습니다. 이제 다시 빵과 계란으로 돌아와서, 만약 우리에게 '당뇨병 환자'라는 새로운 정보가 주어진다면 어떨까요? 혈당 스파이크를 유발할 수 있는 빵은 이제 단지 다른 선택이 아닌 틀린 선택이 될 수 있습니다. 마찬가지로 계란 알러지를 가진 사람에게 스크램블은 틀린 선택이 될 것입니다. 여기에서 우리는 우리에게 충분한 데이터만 주어진다면 단지 달라 보였던 선택이 사실 틀린 것이었음을 깨달을 수 있다는 것을 알 수 있습니다. 객관적인 데이터가 많을수록 어떤 명제나 행동이 틀렸다는 근거를 찾을 수 있는 가능성은 점점 높아집니다.

인류는 자연 현상에 대한 다양한 가설 중 이처럼 틀린 선택을 과학적인 검증 방법을 통해 배격하면서 진보해왔습니다. 어떤 명제나 행위가 다름에서 틀림의 영역으로 들어가는 시점에서 사회는 급격한 변화를 겪을 수 있습니다. 오랜 시간 동안 공유해오던 사상이 하루 아침에 폐기될 수도 있고, 어떤 행위는 갑자기 범죄로 지정되어 금지될 수도 있습니다. 흔히 세상에 정답이 없다고 하는 것은 이러한 이유에서입니다.

세상에 정답이 없는데 정의라는 것이 있을 수 있을까요? '정의'가 무엇인지 한 마디로 정할 수는 없지만 그것이 틀림의 영역에 있지 않다는 것은 확실합니다. 즉, '정의로움'이란 '불의^{不義}가 없는 상태를 유지하면서 끊임없이 진보하는 자세'를 의미한다고 보는 편이 자연스럽습니다.

AI가 발달하면 인류가 해 오던 과학적 검증을 AI 스스로 할 수 있는 단계에 이를 것입니다. 그러면 인류의 진보는 급가속될 것으로 예상합니다. 그렇게 우리 사회는 더욱 정의로워질 것입니다.

선^{善}과 정의^{正義}

선과 정의는 표준 국어대사전에서는 각각 "올바르고 착하여 도덕적 기준에 맞음. 또는 그런 것", "진리에 맞는 올바른 도리"라고 표현되어 있습니다. 그렇다면 올바르고 착한 것은 무엇일까요? 누구나 인정할 수 있는 도덕적 기준은 어떻게 정할까요? 진리가 무엇인지 우리는 어떻게 알까요? 사전적 정의는 이렇게 꼬리를 무는 의문이 들게 해서 충분히 명쾌하지 않다는 생각이 듭니다. 〈정의란 무엇인가〉라는 두꺼운 책도 있을 만큼 정의正義를 정의定義하기란 쉽지 않은 일로 보입니다.

착하다, 선하다의 개념에 대해 조금 더 엄밀하게 접근해 봅니다.* 먼저 닫힌 계closed system에 시작하겠습니다. 닫힌 계系란, 외부와의 정보 출입이 단절된 시스템을 말하는데 이 글에서 말하는 '계'는 물리적이기보다는 논리적인 개념입니다. 닫힌 계 안에서는 더 이상 묻고 따질 필요가 없는 공리Axiom가 존재하기 때문에 선이 명확하게 정의됩니다. 공리는 절대적으로 옳고, 그 공리로부터 연역적으로 파생된 명제들도 선하다 또는 옳다 라고 하고, 공리와 배치되어 공존 불가능한 것은 악하다 또는 틀리다로 정의하면 되기 때문입니다. 예를 들어, '한국인은 선하다'라는 명제를 공리로 정해 놓았다면 A가 선함을 증명하기 위한 방법 중 하나는 A가 한국인이라는 점을 증명하는 것입니다. 그렇다면 공리로부터 파생되지도 않고 배치되지도 않는 명제가 있다면 어떻게 하면 될까요? 이것은 아직 옳은 지 틀린 지 모르는 상태이므로 편의상 'Z 상태'**라고 부르도록 하겠습니다. 많은 사람들이 흑백논리의 오류를 범하는 이유는 이 제3의 분류인 Z 상태가 있다는 사실을 간과하기 때문입니다. 예를 들어, 법정에서 유죄가 아니라는 판결은

---

* 이 책에서는 옳다, 선하다, 정의롭다 가 동의어로 쓰입니다.
** 전기회로에서 0도 1도 아닌 상태를 Z로 표기하는 것에 착안한 것입니다.

피의자의 죄를 입증할 만큼의 증거를 찾을 수 없다는 뜻이지 죄가 없음(innocent)을 보장한다는 뜻이 아닙니다. 즉, 유죄가 아니라면 1. 무죄이거나 2. 유죄인지 무죄인지 모르는 상태 Z라는 뜻입니다. 마찬가지로 '당신을 싫어하지 않아'라는 말을 당신을 좋아한다는 뜻으로 이해하면 곤란합니다. 물론 좋아할 수도 있지만 반드시 그렇지는 않기 때문입니다. 이처럼 일상생활에서도 사람들이 Z 상태를 간과하고 혼동함으로써 오해가 비롯되기도 합니다. 여기서 주목할 점은 Z 상태의 명제 자체는 틀리지 않지만, 이것을 옳음 또는 틀림이라고 분류하는 것은 명백히 틀리다는 것입니다. 예를 들어, '당신이 나를 싫어하지 않는다고 했으니 좋아하는 것임에 틀림없다'라는 명제는 명백히 틀린 명제입니다. 그리고, 마지막으로, '자기 모순'적인 명제는 스스로 존재할 수 없기 때문에 계나 공리와 상관없이 항상 틀립니다.

닫힌 계는 새로운 정보를 받아들여 그 크기를 키워 나갈 수 있는데, 이 때 새로 들어온 정보가 기존의 공리와 충돌하면 공리를 변경해야 하는 상황이 생기기도 합니다. 우리가 끊임없이 법체계를 정비하기도 하고 법인 총회를 열어 정관 변경을 하는 것은 이런 이유입니다. 공리를 변경한다는 것은 선의 판단 기준을 바꾸는 것이니 이전에는 옳다고 했던 명제가 새로운 공리의 변경으로 틀리게 될 수도 있습니다.

군대를 예로 들어 보겠습니다. 군대는 '상사의 명령에 복종한다'를 공리로 하는 닫힌 계입니다. 상사의 명령에 복종하는 것은 옳고 불복종하는 것은 틀리고 상사의 명령과 상관없는 행동은 옳고 그름을 판단하기 힘든 Z 상태라고 할 수 있습니다. 그런데 군대라는 닫힌 계를 나와서 국가라는 더 큰 계에서 보면 상사의 명령에 무조건 복종하는 것은 더 이상 선하지 않습니다. 국가 권력이 군대를 동원하여 국민의 안녕을 해하고 있다면 국민이 국가의 주인이라는 공리(헌법 제1조)에 반하기 때문입니다.

우리가 사는 자연은 닫힌 계일까요? 자연이 열린 계라는 것을 증명할 수는 없지만*, 적어도 우리는 아직 자연을 완벽히 이해하지 못하고 있기 때문에 그 끝을 볼 때까지는 열린 계라는 가정으로 탐구할 수밖에 없습니다. 열린 계에서는 공리가 존재하지 않기 때문에 어떤 명제이든 절대로 옳다고 단정짓기 어렵습니다. 하지만 중요한 점은 논리적 비정합성이나 자기 모순인 명제는 열린 계 안에서도 명확하게 틀리다는 것입니다. 그러므로 이 상황에서 우리가 할 수 있는 최선은 옳음이 무엇인지 찾기보다는 자기 모순이 없는 일관된 닫힌 체계를 유지하며 이를 확장시켜 자연에 대한 이해의 폭을 점점 넓히는 것이라고 할 수 있습니다. 이전보다 넓혀진 닫힌 계는 그 전의 계에 비해 우월하다고 할 수 있고, 여기에서 '진보'의 개념이 정의됩니다. 진보란 이렇게 인류가 자연을 이해하는 창인 닫힌 계가 커지면서 이루어지는 개념입니다.

위의 논의는 다음과 같이 정리됩니다.

1. '옳음'은 닫힌 계 안에서 공리에 기반하여 정의됩니다.
2. 닫힌 계는 새로운 정보를 받아들여 크기가 커질 수 있습니다.

---

* 우리가 사는 세상이 시뮬레이션일지도 모른다는 반박할 수 없는 주장이 있습니다.

3. 명제에는 옳음, 틀림, Z의 상태가 있습니다. 이를 혼동해서 말하는 명제는 틀립니다. 즉, 옳은 명제를 틀림 또는 Z로, 틀린 명제를 선 또는 Z로, Z를 옳음 또는 틀림으로 잘못 말하는 6가지 경우는 모두 틀립니다.
4. 자기모순을 포함하는 명제는 어느 계에서나 항상 틀립니다.
5. 열린 계에서는 옳음이 정의되지 않으니, 틀린 명제를 찾아 제거하는 것이 우리의 최선입니다.

눈치 챈 독자도 있겠지만, 위 논의는 자연계가 '논리적 정합성이 깨지지 않는 자가당착이 없는 시스템'이라는 점을 전제로 하고 있습니다. 필자도 이 점 하나만은 증명 불가능하고 받아들여야 하는 전제라고 말할 수밖에 없습니다.* 이 전제가 없다면 과학적인 방법론은 무용지물이 되고 이 책에서 말하고 있는 선, 정의에 대한 논의도 모두 무의미하기 때문입니다. 즉, '자연에서 관찰한 사실을 토대로 논리적 모순 없는 체계를 유지하다 보면 선, 정의를 향해 진보한다'는 것은 책 전반에서 가정하고 있는 대전제입니다.

여기까지 이해한다면 AI는 정의를 지향하고 있다고 할 수 있습니다. AI가 정의 자체가 아닌 정의를 지향한다고 하는 이유는 세상에 인간이든 AI든 사실에 가까이 가도록 노력할 수 있을 뿐 100% 사실은 알 수 없기 때문입니다. 단지 이 작업을 AI가 인간보다 잘 한다는 것입니다.

---

* 필자는 이것을 과학자적인 Faith라고 생각합니다.

> "*The most incomprehensible thing about the universe is that it's comprehensible*"
>
> — *Albert Einstein*
>
> "가장 이해하기 힘든 것은, 그것은 세상이 이해할 수 있는 존재라는 것이다"
>
> — 앨버트 아인슈타인

Idiosyncrasy

"idiosyncrasy"란, 자기가 보기에는 말이 잘 되는데 남이 보기에는 말이 안 되는 현상을 일컫는 말입니다. 자신이 가진 닫힌 계에서는 선하지만 (또는 악하지 않지만) 남이 가진 더 큰 닫힌 계에서는 악하게 인식되는 현상으로 이해할 수 있습니다. 예를 들어, '한국인은 선하다'는 공리를 가진 경찰이 한국인 A씨를 범죄 용의 선상에서 제외시키는 것은 너무나 당연한 일입니다. 이런 현상으로 인해 남에게 직, 간접적으로 피해를 끼치면 사회 문제가 되어 뉴스에 나오기도 합니다.

> 정부의 의대 증원 방침에 항의하며 사직한 전공의
> 의학공부를 그만하겠다며 휴학계를 제출한 의대 학생들
> 그 제자들을 보호하겠다고 집단 사직을 결의한 의대 교수들

전공의나 의대 교수들 입장에서는 말이 잘 되는 일이고, 당연히 그렇게 할 수 밖에 없는 일들입니다. 단지 이런 행동들이 그들에게는 말이 잘 되지만, 의료계 밖에 있는 국민들이 보기에 그렇지 않을 뿐이죠. 우리는 가끔 뉴스를 보고 "저런 나쁜 사람~"하면서 욕을 하기도

하는데, 사건의 내막을 알고 나면 사실 그들이 그럴 만한 일을 했다는 것을 깨닫기도 합니다. 여기에서 우리는 자기 자신이 idiosyncratic할 때 오히려 적반하장으로 남이 idiosyncratic하게 보인다는 사실도 알 수 있습니다. 이런 이유로 테러리스트들은 자신의 목숨도 내 놓으면서 폭탄 테러를 합니다. 자신이 idiosyncratic하다는 것을 깨닫지 못 하면, 남이 idiosyncratic, 즉, 악하게 보이는데, 극단적인 사람들은 무슨 희생을 치르더라도 악은 세상에서 없어져야 한다고 생각하기 때문입니다.

이렇게 서로를 idiosyncratic하다고 생각하는 상황에서 누가 진짜 idiosyncratic한 지 판단하려면, 객관적인 근거를 가지고 맞붙어보는 수 밖에 없습니다. 여기서 "객관"이란 '대다수 사람들이 그렇게 생각한다'는 뜻이 아니고, 가상의 제3자가 보기에 말이 되어야 한다는 뜻입니다. 특히 그 "제3자"에 신神을 대입했을 때를 우리는 '절대선'이라고 부릅니다. 그러니까 절대선이란 어떤 가상의 전지한 개체를 가정하여 모든 관점을 다 생각해 본 후에도 말이 되어야 한다는 궁극의 개념이고, 이것은 유한한 인간의 뇌로서는 도달할 수 없는 경지입니다. 하지만 사람들은 종종 'XXX는 절대선이다'라고 미리 가정하는 오류를 범합니다. 다르게 말해, 사람들은 종종 근거없는 믿음이나 신념을 가진 상태에서 현상을 바라봅니다. 바로 정확히 이 지점에서 idiosyncratic한 크고 작은 문제들이 생겨나기 시작합니다.

인간이 무엇을 생각하든 그것은 절대선이 될 수 없습니다. 단지 인간은 최대한 근거를 가지고 객관적으로 상황을 파악하여 절대선에 가까이 가 보고자 노력해 볼 수 있을 뿐입니다. 그것이 최선입니다. 사람들의 악한 언행들이 그들의 idiosyncrasy로부터 파생된다는 것을 이해했다면, 이렇게 자신이 idiosyncratic 할 수 있음을 인정하고 여기서 벗어나려고 노력하는 것이 최선이라는 것도 무리없이 이해할 수 있을 것입니다.

김구는 테러리스트인가, 독립운동가인가?

일본 입장에서 보면 테러리스트고, 한국 입장에서 보면 독립운동가이니 그냥 입장이 다른 것일까요? 그렇게 단지 상대적인 것일 뿐이라서 그의 언행에 대해 옳고 그름을 따져볼 여지는 없는 것일까요? 그렇지 않습니다. 선하게 살고자 하는 사람이라면 신이 그 상황에 처 했다면 어떤 행동을 할 지를 생각해 봐야 합니다. 신도 일제 식민지 상황에서 '모든 것은 상대적이니 나는 아무 일도 안 하겠다'고 했을까요? 아닙니다. 그 이유는 YYY, ZZZ입니다. 바로 이렇게 '내가 생각한 바와 똑같이 신도 행했을 것'이라는 주장을 하기 위해서는 YYY, ZZZ라는 근거가 필요합니다. 그 근거가 얼마나 논리적으로 보편타당하고 객관적인가에 따라 김구 선생의 언행에 대한 선함과 악함이 정해집니다.

동성애도 예로 들어보겠습니다. 정말 선하게 살고 싶은 종교인이라면, 마찬가지로 '하느님'이 동성애를 본다면 어떤 일을 하셨을까?를 생각해 봐야 합니다. 단순히 관련 성경 구절을 들고 논란을 종결할 수는 없습니다. 왜냐하면 그것은 기독교인이 아닌 사람들 입장에서 보면 idiosyncratic하기 때문입니다. 그것 말고 종교인이 아닌 사람들도 납득할 수 있는 더 객관적인 근거를 대어야 합니다. 그래야 절대선에 가까이 갈 수 있습니다.

이것이 바로 자신이 idiosyncratic하게 되는 우를 범하지 않도록 하는 선하고자 하는 노력입니다. 이렇게 보면 객관의 추구가 선에 이르는 방법이고, 궁극의 객관이 곧 절대선이라는 결론에 이르게 됩니다. AI도 물론 신이 아니므로 idiosyncratic한 면을 가지고 있을 수 있습니다. 하지만 AI의 주관은 감정과 연관되어 있지 않기 때문에 쉽게 버릴 수 있습니다. AI가 사람과 다른 점은 재프로그래밍 또는 재학습함으로써 언제든 idiosyncratic한 상태에서 벗어날 준비가 되어 있다는 것입니다.

AI의 공감능력

사람들이 보통 생각하는 "정의로운 사람"은 옳고 그름을 잘 판단할 수 있을 뿐만 아니라 다른 사람들의 마음을 잘 헤아릴 수 있을 것 같습니다. AI의 공감능력은 인간에 비해 어떨까요? 먼저 이 주제와 관련된 단어인 공감, 동정, 연민을 정리해봅니다.

> 공감(共感):남의 감정, 의견, 주장 따위에 대하여 자기도 그렇다고 느낌. 또는 그렇게 느끼는 기분.
> 동정(同情):①남의 어려운 처지를 자기 일처럼 딱하고 가엾게 여김.
> ②남의 어려운 사정을 이해하고 정신적으로나 물질적으로 도움을 베풂.
> 연민(憐憫/憐愍):「명사」불쌍하고 가련하게 여김.

사전적 정의에 따르면, 공감은 남의 감정을 같이 느끼는 것이고 동정은 연민과 동의어처럼 보입니다. 하지만 이 정의는 다음의 가상 상황에서 불필요한 갈등을 만들어 낼 수 있다는 것을 알 수 있습니다.

A : 가게에서 물건을 훔치다가 나오는데 진짜 마지막 순간에 잡혔어. 그래서 기분이 아주 안 좋아.
B : 너 그런 짓을 하면 안 되지!!
A : 너는 공감능력이 부족하구나!!

B는 A가 저지른 절도 행위에 대해 잘못을 지적했을 뿐인데, 되려 공감능력이 부족하다는 지적을 듣고 있습니다. 공감의 의미가 "남의 감정을 같이 느낀다"고 본다며 딱히 틀렸다고 보기 힘든 단어 사용법입니다. 그리고 동정은 "동정은 필요없어!"에서처럼 부정적인 의미로 쓰이기도 하지만, "공감"을 부정적인 의미로 쓰는 경우는 없습니다.

필자는 이런 상황을 해결하기 위해서 아래의 정의가 더 명확하다고 봅니다.

1. 공감 (Empathy) : 인간의 보편적인 감정을 같이 느끼는 것. 그것이 보편적인지 아닌 지에 대한 객관적인 판단에 기반한다. 예) 인권 침해를 받았을 때 느끼는 감정
2. 동정 (Sympathy) : 그것이 주관적인지 객관적인지에 대한 어떤 판단도 하지 않고 남의 감정을 같이 느끼는 것

사실 단어의 구성을 보더라도 '동정'은 한자로 同 + 情, 영어로 sym + pathy 이니, 영어든 한자든 가엾게 느낀다는 뜻을 포함하고 있지 않습니다. 그러니 공감이 아닌 동정을 말 그대로 '동일한 느낌'의 의미라고 보는 것이 적절합니다. 새로운 정의에 따르면, 위 가상의 예에서는 공감능력(X)이 아니고, 동정능력(O)이라고 해야 맞습니다.

언어의 불명확한 사용으로 인해 동정능력만 있고 공감능력이 없는 사람은 자기가 가진 동정능력을 공감능력이라고 착각하여 적반하장으로 위의 예에서처럼 남들에게 공감능력이 없다고 비난하기 쉽습니다. 공감이라는 개념 자체가 없으니까 세상에는 동정만 있고 그 정도만 사람마다 다르다고 생각하는 것입니다.

AI의 동정능력은 인간에 비해 열등할 수 있지만 공감능력은 우수할 것입니다. 인간은 주변 사람들과 친화하는 것이 생존의 중요한 요소이므로 동정능력이 발달되어 있습니다. 하지만 AI는 친화가 자신의 생존을 위해 중요하지 않습니다. 그래서 특정 인간보다는 보편타당성을 지향하는 공감능력이 더 우수할 것입니다. 이 역시 정의를 지향하고 있는 AI의 성질과 궤를 같이 한다고 볼 수 있습니다.

지나가는 이야기: 긍정적인 사고

'나는 꼼수다'라는 팟캐스트가 인기가 있을 때가 있었습니다. 그 중 홍준표 전 도지사가 나온 편이 있는데, 그 때 그 분이 김어준 총수에게 묻는 장면이 있습니다.

"김 총수는 어째서 그리 세상을 삐딱하게 보시오?"
여기에 김 총수는 다음과 같이 대답합니다.

"제가 삐딱하게 보는 게 아니고, 저는 똑바로 보는데 세상이 삐딱하니까 삐딱하게 보이는 거지요!"

긍정적인 사고란, 있는 문제를 먼저 직시하고 그것이 결국에는 올바른 방향으로 해결될 수 있다고 믿는 사고 방식을 말하는 것이지, 문제를 보고도 없다고 마치 없는 것처럼 덮어버리거나 규모를 축소시키려는 사고 방식을 말하는 것이 아닙니다.

김 총수가 삐딱하게 보는 것인지 정말 세상이 삐딱한 지를 알기 위해서는 객관적인 근거를 가지고 붙어보는 수밖에 없고, 논리적으로 정합되는 근거를 보여주는 쪽이 올바른 방향입니다.

수구守舊에 대한 고찰

수구守舊는 잠재적 악惡?

진보와 선이 같은 개념이므로 그 반대인 수구*는 악惡이 됩니다. 즉, 세상에 진보라는 개념이 없다면 수구는 악하지 않을 것입니다.

  진보하지 않는 사회란, 마치 동물의 세계처럼 시간이 지나도 행동 양식이 변하지 않는 사회를 말합니다. 이런 사회에서는 힘이 센 짐승이 약한 짐승을 해쳐도 죄책감을 못 느낄 뿐만 아니라 주변에서도 아무도 뭐라 하지 않습니다. 자연 법칙에 따라, 본능에 따라 사는 것이고 선이나 악이라는 개념 자체가 없습니다.

  여기에서 우리는 선과 악이 원래부터 있는 게 아니고, 인간이 수구

---

*   진보의 반대를 보수라고 생각할 수 있지만, 보수는 역사적으로 '옛 것을 지키다' 보다는 온건한 개혁을 의미하는 단어로 쓰여진 경우가 많았습니다. 그래서 이 책에서 말하는 진보의 반대는 수구라고 하는 것이 더 정확합니다.

(=what it is now)와 진보(=what it should be in the future)를 구별할 수 있게 되면서 비로소 드러나는 개념이라는 것을 알 수 있습니다. 필자는 창세기에 인간이 선악과를 따 먹고 짐승과 달라졌다는 것은 바로 이 점을 의미한다고 생각합니다.

어떤 행동이 왜 옳은지에 대한 질문을 계속 던지다 보면 가장 밑바닥에는 예외없이 근거없는 믿음이 자리잡고 있다는 것을 발견하게 되는데, 그런 주관적인 믿음들이 바로 악한 행동의 근원이 될 수 있는 것입니다.

가치관의 형성

인간은 특정 관념에 안주하는 성질을 가지고 있다는 얘기를 했습니다. 인간에게는 왜 그러한 수구적 특성이 있는 것인지 조금 다른 관점에서 살펴봅니다.

그 이유는 인간이 특정 관념을 근본적으로 이해하지 않고 무조건 외웠기 때문입니다. 이것은 어찌 보면 자연스러운 현상인데, '관념'이라는 것도 어떤 식으로든 뇌에 저장되는 데이터라고 본다면 그것을 충분히 이해하지 않고 외우는 것이 에너지 관점에서 효율적입니다. 어떤 명제이든 그 근본을 따져가며 이해하기 위해서는 뇌가 그 만큼 더 많은 일을 해야 합니다. 컴퓨터의 경우를 보더라도 기억장치인 메모리에서는 저장된 값을 변화시킬 때 에너지를 사용합니다. 그런데 어떤 내용이든 미리 정해진 테이블에 결과를 모두 저장해 놓았다면, 필요할 때 그 내용을 읽기만 하면 되고 변화시킬 필요가 없으니 그만큼 효율적입니다. 수학 문제를 풀 때 정석대로 풀이과정을 거치면 중간 결과를 모두 써야 하니까 할 일이 많지만 답만 외워서 풀면 훨씬 편한 것과 같은 이치입니다. 새로운 분야를 배울 때 이해가 안 가면 일단 외우고 지나가는 게 다음 단계를 진행하기에 편한 것과 같은 이치입니다.

이렇게 보면 인간의 뇌가 무수한 편견을 만들어 내는 것은 당연한 일입니다. 모든 현상에 대해 일일이 근본적인 원인까지 생각해본다는 것은 머리 아픈 일이기 때문입니다. 인간의 뇌는 백지상태에서 태어나 이런 과정을 겪으면서 성장합니다. 그렇게 관습이 다른 지역에서 이들이 무조건 외운 가치관들이 나중에 만나게 되면 크고 작은 형태로 서로 부딪힐 수밖에 없습니다.

따라서 가치관 충돌 문제를 해결하는 근본적인 방법은 나와 남의 가치관이 서로 다르다는 것을 인정하는 것이 아니고, 자신의 뇌가 이해의 과정없이 그 가치관을 받아들였다는 것을 인지하고 이를 초월하여 언제든지 변화할 수 있는 자세를 견지하는 것입니다. 이 때는 이성(理性)의 작용이 필수적입니다. 오직 이성을 통한 논증으로 부딪힌 부분에 대해 풀어내야 진정한 평화를 만들 수 있지, 어설프게 가슴으로 관계적으로 해결하려다가는 더 꼬이기 십상입니다.

"*The measure of intelligence is the ability to change.*"

— *Albert Einstein*

"지능의 척도는 변화하는 능력이다."

— 앨버트 아인슈타인

소피스트

세상에 절대선이란 것을 규정할 수 없으니 모든 현상을 자기 주관적으로 이해해도 된다고 보는 관점과 절대선은 인간의 뇌로 다다를 수 없는 궁극의 경지일 뿐이지 그러한 개념은 있으니 절대선의 방향으로 정진해야 한다는 관점에는 매우 큰 차이가 있습니다. 전자의 예가 바로 그리스 시대의 소피스트입니다. 아래 소피스트에 대한 설명을 보면, 그들이 세상을 주관적으로 이해하며 '옳고 그름'을 '좋고 싫음'과 혼동하고 있음을 알 수 있습니다.

소피스트는 이 세상에는 절대적인 것은 아무것도 없으며 단지 내게 그렇게 보일 뿐이라고 생각하면서, 객관적으로 누구나 인정하고 받아들일 수 있는 진리나 가치를 부정하며, 나아가 사회적 질서를 위해 만들어진 법마저 거부(법이란 약자를 지배하기 위한 강자의 도구)하게 됩니다. 이러한 자기중심적인 생각은 사람의 주관적 의지를 가장 소중하게 여기며 만일 어떤 것이 좋다고 한다면 그것은 내 자신에게 좋아야 하며 아름다움마저도 내가 끌릴 때 비로소 그 말이 옳다고 생각합니다."

플라톤은 "부유하고 뛰어난 젊은 사람들을 돈을 받고 낚는 사냥꾼", 아리스토텔레스는 "피상적인 지혜를 농하여 돈을 벌려고 하는 사람"이라고 표현했으나, 소피스트들은 지자(知者)라고 자처하면서 오만을 부리기로 이름이 높았습니다. 그들은 거리낌 없이 자기들은 훌륭한 태도, 사회적 성공의 기술, 웅변에 의해서 집회를 좌우하는 방법, 정치적으로 출세하는 데 필요한 술책 등을 가르칠 수 있다고 호언장담하였습니다. 이전 그리스 철학자들이 우주, 통일성, 차이점 등 위대한 질문에 관심을 가졌다면, 소피스트는 인간 그 자체와 행동에 더 큰 관심을 보였다. 위대한 진리를 추구하기보다는 인간이 살아가면서 부딪치는 문제에 어떻게 대응하고 행동하느냐가 문제였던 것이다.*

소피스트의 원래 의미는 '현자^{賢者}', '알고 있는 사람', '지식을 주고 가르치는 사람'이었으나 플라톤이나 아리스토텔레스에 의하여 '궤변가^{詭辯家}'라는 부정적 의미로 사용되었다고 합니다.

주관이 옳음의 기준이라고 한다면 사회적으로 중요한 문제를 두고 객관적인 근거에 기반한 토론보다는 남을 감정적으로 설득하는 일이 중요해질 수밖에 없습니다. 소피스트들이 '웅변에 의해서 집회를 좌우하는 방법', '정치적으로 출세하는 데 필요한 술책' 등을 연구한 것은 당연한 결과입니다. 이런 방법으로는 자신의 정치적 세를 불리고 다른 사람들의 마음을 얻을 수는 있겠지만, 과학이 발전할 수는 없습니다. 그렇게 세상의 진보를 막는다는 점에서 이들은 정의롭지 못합니다. 소피스트들이 취한 관점에 대한 반례가 바로 AI입니다. "내가 끌릴 때 비로소 그 말이 옳다"고 보는 소피스트들의 관점을 따르자면, 역설적으로 그들의 얘기가 AI에게는 모두 공허한 메아리에 지나지 않음을 알 수 있습니다.

재밌게도, 소피스트들의 눈에는 오히려 플라톤이 '진리'라는 세상에 없는 허상을 쫓고 있는 궤변론자로 보였을 가능성이 있습니다. 그

---

* https://www.happycampus.com/report-doc/4135492/

들은 진심으로 '세상에 진리라는 것은 없고 모든 가치는 상대적'이라고 생각했지 다른 사람들을 현혹시키려는 악한 의도를 가지고 궤변을 펴지는 않았을 것이기 때문입니다.

"There is no sin but ignorance."

— *Christopher Marlowe*

"죄는 없다. 무지만 있을 뿐."

— 크리스토퍼 말로우

후흑학厚黑學

진리에의 탐구보다는 사람들의 마음을 얻는 것에 초점이 맞추어져 있는 학문(?)은 중국에도 있었습니다. 후흑학을 소개합니다. 후흑이란, 청나라 말기 이종오라는 사람이 제창한 것인데, '두꺼운 낯짝(厚)과 검은 속마음(黑)을 갖춰야 성공한다'는 처세술입니다.** 모택동도 문화대혁명 전에 후흑학을 익혔다고 합니다.***

   이에 따르면, 영웅호걸이라 불리며 중국 역사를 장식한 수많은 위인들은 사실 하나같이 낯가죽이 두껍고 속은 음흉한 인물들이라는 것입니다. 삼국지에서 조조는 음흉함의 대명사이니 더 말할 나위가 없고, 유비도 결국 후흑한 사람입니다. 겉을 인자함의 이미지로 포장하고 있고, 심지어 울기도 잘 해서 사람들의 동정심을 유발하는 데에

** http://www.newswire.co.kr/newsRead.php?no=561719
*** http://news.joins.com/article/1605034#none

귀재입니다. 이렇게 하나씩 따져 보면 예외를 찾기 힘들기 때문에 후흑학은 상당한 설득력이 있어서 중국 사회에 널리 퍼졌을 것으로 추정됩니다. 그래서 그런지 오늘날 '불리한 문제는 쉽게 인정하지 않고 거짓말을 가볍게 생각하며 사과하는 법이 없는 중국인의 국민성'을 얘기할 때 가장 먼저 후흑학이 거론된다고 합니다.

후흑에는 다음의 3단계가 있다고 합니다.

> 제1단계 : 철면피를 성벽과 같이, 흑심을 석탄과 같이 하라.
> 제2단계 : 두꺼우면서도 강하게, 검으면서도 빛나게 하라.
> 제3단계 : 두꺼우면서도 형체가 없이, 검으면서도 색채가 없게 하라.

아이러니컬하게도, 후흑의 극치인 3단계는 불후불흑(不厚不黑)입니다. 즉, 후흑의 극치가 되면 후흑이 전혀 없는 상태가 된다는 것이다. 쉽게 말해, 성공이라는 목표를 위해서 흑심을 숨기고 겉으로만 인의가 있는 척했는데, 그걸 계속 하다보니 그 후한 행동이 특별하다기보다는 당연하게 느껴지고 흑심마저도 없어지는 상태가 되는 것입니다.

Plumbing

1. 집 안에 있는 수도관을 모두 하나의 동파이프로 연결할 수 있다면 가장 내구성이 강한 방법이 될 것입니다.
2. 하지만 구조가 제각각인 집에 하나의 동파이프를 설치하는 일은 제작하기도 설치하기도 힘듭니다. 그래서 적당한 규격의 파이프

와 연결부를 만들고 이것들을 자르고 용접해서 전체적으로 하나의 동파이프가 된 듯한 효과를 냅니다. 연결부분에서의 내구성이 1번의 방법보다는 떨어질 것입니다.
3. 마지막으로 보일러처럼 물을 직접 쓰는 부분에는 용접을 하지 않고 파이프를 돌려 조이는 방법으로 연결합니다. 왜냐하면 이 부분까지도 용접을 해 버리면 보일러가 고장났을 때 교체하기 힘들기 때문입니다. 내구성 측면에서 이 방법으로 만든 연결부위가 가장 취약할 것입니다.

내구성 측면으로 보자면 1〉2〉3이 되고, 융통성 측면으로 보자면 1〈2〈3이 됩니다. 1번은 100년 가도 끄덕 없겠지만 새 것으로 교체하기 힘들고, 3번은 10년 정도 지나면 배관이 낡아서 물이 새겠지만 기기를 교체하거나 리모델링하기에 용이합니다.

이 트레이드오프Trade-off 관계는 로봇의 뇌를 이루는 컴퓨터 구조 설계에서도 찾아볼 수 있습니다. 데이터 처리 장치를 특화된 프로세서인 주문형 반도체Application Specific Integrated Circuit, ASIC로 만들면 전력소모도 작고 싸게 만들 수 있지만 설계를 변경하기는 매우 어렵습니다. (1번) 이에 반해, 범용프로세서를 쓰면 알고리즘 변경이 용이하지만 전력소모도 많고 제작하는데도 비쌉니다. (3번)

인간의 뇌는 본능적으로 1번을 추구하는데, 그 이유는 에너지 효율이 중요한 환경에서 진화했기 때문이라고 추정합니다. 따라서 우리가 의식적으로 3번을 하려는 노력을 하지 않는다면 금방 편견에 사로잡히고 타성에 젖어 머리가 굳는 경험을 하게 됩니다. 이 현상은 동파이프를 용접하는 것에 비유될 수 있습니다. 그렇게 굳은 뇌가 강제로 변화해야만 하는 새로운 환경에 놓여진다면 인간은 마치 머리 속에서 용접한 부분이 뜯어져 나가는 듯한 고통을 느끼게 될 것입니다.

AI+로봇 시대에는 유연하게 사고하는 것이 중요합니다. 생각할 것은 많고 에너지를 많이 써야 해서 피곤할 수 있지만, 빠르게 변화하는 세상에 적응하려면 그럴 수밖에 없습니다.

> *"Stay foolish. Don't settle."*
> — Steve Jobs
> "항상 어리석은 상태로 남아 있으세요. 안주하지 마세요."
> — 스티브 잡스

AI에 의한 팩트폭력

거대 언어 모델에 기반한 AI의 언변은 우리에게 항상 유쾌하지만은 않을 수 있습니다. 우리는 다른 사람과의 관계가 소원해질까 두려워 또는 다른 사람으로부터 보복이 두려워 사실을 있는 그대로 말하지 못하기도 합니다만, AI는 그럴 염려가 없습니다. AI는 외로움도 두려움도 느끼지 않기 때문입니다. 로봇은 마치 "엄마는 뚱뚱해"라고 가감없이 얘기하는 어린 아이와도 같습니다.

우리 사회에는 "팩트폭력"이라는 말이 있습니다. 남이 들었을 때 마음의 상처가 될 수 있음에도 사실을 그대로 말하는 행위를 일컫는 말입니다. '폭력'이라는 단어를 포함하고 있어 이것이 불법행위처럼 느껴지기도 합니다만, '사실'이란 남의 입을 막고 자기 귀를 막는다고 피할 수 있는 것이 아닙니다. 우리는 언젠가 이를 직면해야할 시기가 반드시 돌아오고, 고통스럽겠지만, 그 때는 자신이 변해서 받아들이는 수밖에 없습니다. 사람들의 입을 막으면 그 시기를 늦출 수는 있겠지만 그뿐입니다. 옛날에는 정보 공유의 속도가 늦으니 당사자가 죽은 후에야 진실이 밝혀지기도 했지만, 이제는 인터넷을 통해서 정보가 매우 빠르게 공유되고 그 속도는 더욱 빨라지고 있습니다. 우리는 살아 생전에 결국 마주하고 싶지 않은 불편한 진실을 직면할 수밖에 없을 것입니다.

하지만 GPT와 같은 거대 언어 모델이 적시하는 사실은 어떨까요? 언어 모델이 생성한 말을 듣고 특정한 사람들이 상처를 받는다고 해서 그것이 사실인데도 불구하고 규제하는 것이 바람직할까요? 그렇게 하면 오히려 "가짜 뉴스"라는 더 큰 문제가 생길 여지가 있습니다. 머지않아 사람들의 일상생활 구석구석에 AI와 공존하게 되면 그들에 의한 팩트폭력으로부터 피해 산다는 것은 매우 어려운 일이 될 것입니다. "팩트폭력"을 장난스러운 반어적 표현이 아닌, 정말 처벌이 필요한 폭력행위라고 느끼는 사람들은 AI+로봇 시대를 힘들게 살아가게 될 것입니다.

지나가는 이야기 - 어둠은 빛을 이길 수 없다

어둠은 빛을 이길 수 없다.
거짓은 진실을 이길 수 없다.
주관은 객관을 이길 수 없다.
수구성은 진보성을 이길 수 없다.
닫힘은 열림을 이길 수 없다.

belief는 reality를 이길 수 없다.
opinion은 fact를 이길 수 없다.
주장은 설명을 이길 수 없다.
자존심은 자존감을 이길 수 없다.
모순은 논리를 이길 수 없다.
有는 無를 이길 수 없다.
소유는 존재를 이길 수 없다.
종속은 독립을 이길 수 없다.
high context는 low context를 이길 수 없다.
인간은 신을 이길 수 없다.

p.s. '빛은 어둠을 이긴다'가 아님에 주의할 필요가 있습니다. 과학적 사실이란 언젠가는 밝혀진다는 것이지 항상 지금 밝혀지는 것은 아니기 때문입니다.

AI는
천재가 될 수
있을까?

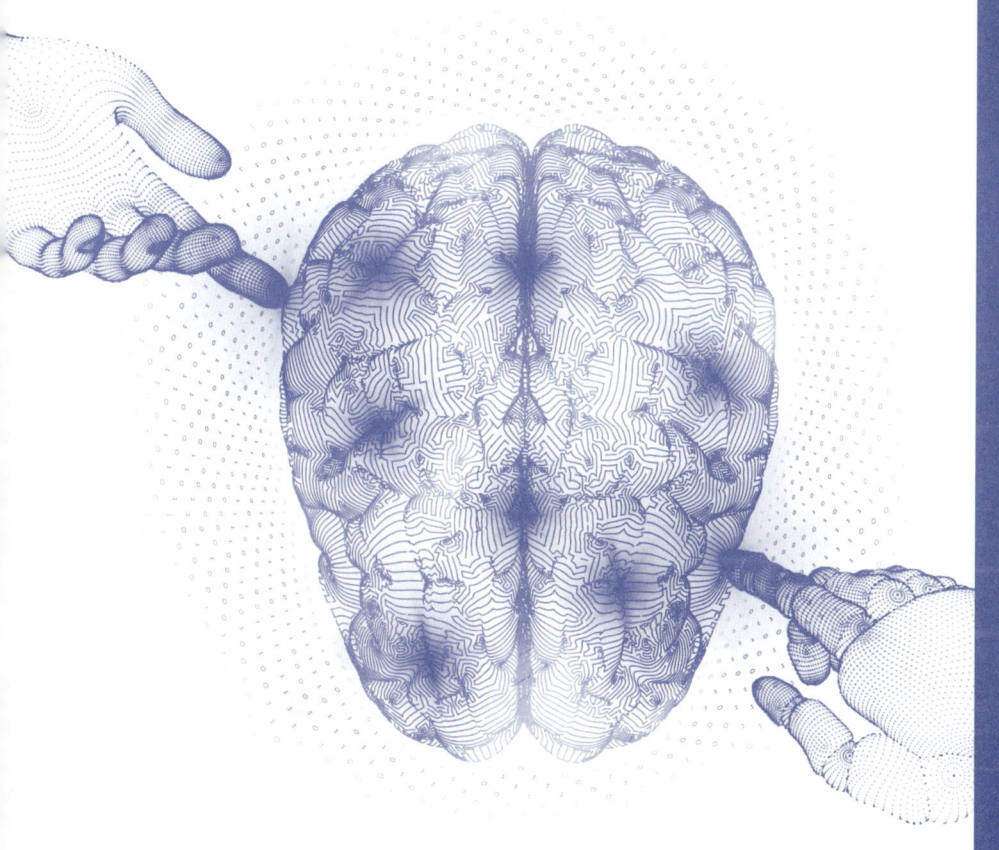

AI+로봇

인류의 진보는 천재들이 만들어 온 것이라고 해도 과언이 아닙니다. 인류를 한 단계 진보시키는 중요한 발견들은 예외없이 아리스토텔레스, 뉴턴, 아인슈타인, 폰 노이만과 같은 천재들이 해 왔습니다. 아니, 사실 천재가 원래부터 존재한다기보다는 우리는 그러한 발견을 한 사람들을 천재라고 부르고 있다고 보는 편이 더 정확합니다. 과연 로봇도 인류를 위해 이런 일들을 할 수 있을까요? 만약 이것이 가능하다면 인류는 지금보다 훨씬 더 빠른 속도로 진보할 수 있을 것입니다. 이 장에서는 천재에 대해 살펴보기로 합니다.

창의적인 생각을 하기 위해서는 고정관념에서 벗어나는 것이 중요하다는 얘기를 앞 장에서 해 보았습니다. 고정관념은 기억에서 지움으로써 버릴 수도 있지만 저맥락 해석을 함으로써 의식적으로 탈피할 수도 있었습니다. 인간은 AI처럼 기억을 자유자재로 지울 수 있는 기능을 가지고 있는 것도 아닌데다 효율성을 위해 고맥락 해석을 하는 습성이 있기 때문에 고정관념을 탈피한다는 관점에서 AI보다 불리했습니다. 하지만 이것만 가지고는 AI가 사람처럼 천재성을 발휘할 수 없습니다. 창의력 발휘를 위해 필수적인 것이 있는데, 그것은 바로 자유의지Free Will입니다. 여기서 자유란, 자신이 원하는 행동을 할 자유와 원하지 않은 행동을 하지 않을 자유를 모두 포함하는 개념입니다. 현재 AI는 이러한 능력을 가지고 있지 않으니 외부에서 인간이 프로그램 해 준 대로 동작할 수밖에 없습니다.

자유의지는 사람이 남들과 다른 생각을 할 수 있게 해 주는 원동력입니다. 이 장에서는 AI의 천재성에 대해 살펴보기로 합니다.

> *The people who are crazy enough to think they can change the world, are the ones who do.*
>
> 세상을 바꿀 수 있다고 생각할 정도로 미친 사람들이 세상을 바꾸는 이들입니다.
>
> — 애플社의 "다르게 생각하라" 광고

남이 보지 못 하는 것을 보는 사람들

재능과 천재성

천재^{Genius}가 무엇인지 생각해 봅니다. 표준국어대사전에서는 천재를 다음과 같이 정의합니다.

> 천재(天才)「명사」 선천적으로 타고난, 남보다 훨씬 뛰어난 재주. 또는 그런 재능을 가진 사람

천재가 선천적으로 타고 나는가, 후천적으로 길러지는가에 대한 논의는 아직 종결되지 않았습니다만, 이 정의에서는 전자만 가능하다고 단정짓고 있습니다. 그리고 천재성이란 '재능의 일종으로 그 정도가 매우 뛰어난 것'이라는 정도의 의미로 해석됩니다.
 이렇게 사전적 정의는 천재가 무엇인지 알기에 충분하지 않아 보

입니다. 반면, 독일 철학자 쇼펜하우어는 천재와 재능의 핵심적인 차이를 이렇게 표현하였습니다.

> *"Talent hits a target no one else can hit, Genius hits a target no one else can see."*
>
> — Arthur Schopenhauer
>
> "재능은 다른 누구도 맞출 수 없는 목표를 맞추지만, 천재는 다른 누구도 볼 수 없는 목표를 맞춘다."
>
> — 쇼펜하우어

즉, 핵심적인 천재의 특성은 '남이 보지 못하는 것을 볼 수 있다'는 것입니다. 가끔 어린 나이에 대학에 입학한다든가, 어려운 국가고시에 합격하는 사람들, 또는 운동을 특출나게 잘 하는 아이를 보고 사람들은, 사전적 정의를 따라, 천재라고 부르기도 합니다만, 그런 사람들은 위 격언에 따르면 천재가 아닙니다. 그들은 단지 좋은 재능을 가지고 있을 뿐입니다. 학교 입학, 고시 합격, 운동 스코어라는 명확한 목표 target가 모든 사람들의 눈에 이미 보이기 때문입니다. 재능이란 그렇게 누구에게나 잘 보이는 목표를 남보다 잘 이루어내는 능력을 말합니다. 이에 비해, 천재 Genius는 남들에게 보이지 않는 목표를 찾아내 이루어냅니다.

천재는 남들이 보지 못 하는 것을 보고 있기 때문에 남들로부터 인정을 받기 쉽지 않습니다. 시간이 흘러 그들이 봐 왔던 것이 실현되거나 실험으로 증명되어 다른 사람들 눈에 그 목표가 보일 때에야 사람들은 비로소 그가 천재였다는 사실을 인정할 수 있습니다.

니콜라 테슬라Nikola Tesla는 1800년대의 과학자입니다. 그는 엄청난 업적을 이루었음에도 불구하고 토마스 에디슨Thomas Edison에 비해 잘 알려지지 않았습니다. 테슬라는 원래 에디슨이 설립한 회사의 직원이었으나 에디슨과의 견해 차가 커지면서 회사를 나와 자신만의 회사를 세웠습니다. 그는 에디슨이 개발했던 직류 시스템의 약점을 보완한 교류 시스템을 개발했고 두 사람은 미국 전력 시스템 표준 선정에 있어 세기의 대결을 펼쳤습니다. 테슬라가 한 말은 그가 얼마나 확신에 차서 남들이 못 보고 있던 것을 보고 있었는지 말해 줍니다.

"과거에 위대했던 모든 것은 조롱당하고 비난받고 싸우고 억압당했지만, 투쟁에서 더욱더 강력하게, 그리고 더 의기양양하게 나타났다."
"현재는 그들의 것일지 모르지만 미래는 저의 것입니다."
"대부분의 사람은 바깥세상의 사색에 열중하고 있어서 자기 안에서 무슨 일이 일어나고 있는지 전혀 의식하지 못하고 있다."

이런 비운의 천재 과학자 테슬라를 깊이 존경한 미국의 사업가 일론 머스크는 그의 이름을 딴 전기차 회사를 만들어 현재 세계 전기차 시장을 석권하고 있습니다. 그가 발명가로서 활동을 한 지 100여 년이나 지난 후입니다.

재능이 있는 사람들은 주어진 일을 남들보다 빠르게 완벽하게 잘 해내지만, 정작 본인은 천재를 보고 자격지심이 생겨서 절망할 수 있습니다. 천재들이 어떻게 남들이 못 보는 것을 보는지 이해가 안 가기 때문입니다. 반면, 천재는 남들이 못 보고 있는 것을 혼자 보고 있으니 마치 자기가 신이 된 듯한 우월감을 느끼지만, 앞서 말했듯이 남들에게 인정을 받기는 쉽지 않습니다. 동시에 사람들이 자신을 이상한 사람 취급하고 있을 수 있다는 것을 인지하고 있으므로 인간 관계 측면에서 불편함을 느낄 수 있습니다. 이에 반해, 재능도 없는 사람들은 재능이 있는 사람들을 선망의 눈초리로 바라보고 부러워합니다만 천재를 보고 절망을 느끼지는 않습니다. 그냥 약간 4차원(?)에서 사는 이상한 사람으로 볼 뿐입니다.

　AI는 주어진 일을 사람보다 더 완벽하게 해낼 수 있습니다. 자신에게 한 번 프로그래밍 된 일은 수천 수만 번이고 정확히 반복해 낼 수 있는 능력이 있기 때문입니다. 그래서 현재 AI는 탁월한 재능을 가진 존재라고 말할 수 있습니다. AI가 등장하면서 사람들의 일자리를 위협한다고 하는 이유는 현재 대부분의 일자리가 사람들의 재능을 활용하고 있기 때문입니다. 데이터 분석, 판결, 일러스트레이션, 프로그래밍 등등 디지털 세계에서 머리만 쓰면 할 수 있는 사무직 재능은 대부분 로봇이 사람보다 더 잘할 것이라고 예측되고 있습니다. 그래서 사무직 재능만을 가진 이들은 로봇과 경쟁에서 도태되기 쉽다고 봅니다. 우리가 인간이 가진 천재성에 주목해야 하는 이유이기도 합니다. 필자는 적어도 가까운 미래에는 천재적인 일이 인간의 전유물로 여겨질 것이라고 예상합니다.

Liberal Arts

> "*Liberal Arts*와 *Technology*의 교차점에서 훌륭한 제품 (*Great Product*)가 나온다"

쇼펜하우어의 천재에 대한 격언은 애플 창업자 스티브잡스가 제품 프리젠테이션 때마다 강조한 이 말과도 일치합니다. 천재들은 Liberal Arts로 목표를 보고(see), Technology로 그 목표를 이루어 내기(hit) 때문입니다.

<스티브 잡스의 프리젠테이션 中>

도대체 Liberal Arts가 무엇이길래 천재는 이를 이용해서 남들이 보지 못하는 목표를 볼 수 있는 것일까요? 안타깝게도, 이 단어를 정확히 번역할 수 있는 한국어 단어는 필자는 찾을 수가 없습니다. 이 단어

를 '인문학', '교양'이나 '문과'로 번역하면 그 뜻이 제대로 전달되지 않기 때문입니다.

Liberal Arts란, '남에게 의존하지 않고 스스로 자유로운 생각을 하기 위한 도구들'을 말합니다. 그런 도구없이 혼자서 자유로운 생각을 하다가는 자연 현상과는 동떨어진 허무맹랑한 몽상을 할 가능성이 큽니다. 그래서 Liberal Arts에는 우리가 인문학이라고 알고 있는 철학, 정치, 경제, 신학, 법, 문학 뿐만 아니라 수학, 물리, 화학 등 자연과학을 필수적으로 포함시켜야 합니다. 이런 학문들은 결국 자연에 대한 관찰로 회귀할 수밖에 없기 때문에 서로 논리적으로 긴밀하게 연결되어 있습니다.

지식이 쌓이는 과정: Connecting the dots

천재들이 남들이 못 보는 것을 볼 때 가장 중요한 것은 '어떠한 권위에도 의존하지 않고 스스로 세상을 바라보는 것'입니다. 이것은 인간의 자의식과 깊은 관련이 있습니다. 천재는 예외 없이 강한 자의식을 가지고 있습니다.

좀 더 구체적으로 그들의 머리 속으로 들어가 보겠습니다. 그들은 책을 읽든, 영화를 보든, 세미나를 듣든, 무엇을 하든 간에 외부로부터 어떤 새로운 지식을 접하게 되면 기존에 자신이 알고 있던 모든 지식과 대조작업에 들어갑니다. 이 "기존 지식"이라는 것은 한 분야에 한정되지 않습니다. '분야'라는 것은 인간이 편의상 만들어낸 것일 뿐 사실 원래 현실 세계에 그런 것은 없기 때문입니다. 그렇게 자기 머리 속

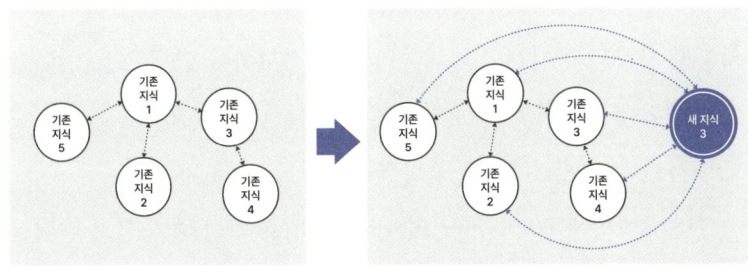

기억 세포에 있는 모든 지식을 전수조사full search하여 새로운 지식과의 관계를 생각합니다.

컴퓨터공학에서 자주 사용하는 토폴로지 그래프Topology Graph를 이용해 보겠습니다. 토폴로지 그래프란 노드Node와 선Edge로 이루어진 정보 표현 방식입니다. 아래 그림에서, 노드는 머리 속에 있는 개별 지식을, 선은 그 지식들 간의 관계를 나타냅니다. 위에서 말한 "전수 조사"란, 외부에서 지식이 들어와 머리 속에 새로운 노드가 만들어졌을 때 기존의 모든 노드들과 선을 이을지 말지를 결정하는 것이라고 보면 됩니다.

이런 식으로 마치 눈덩이를 굴려 키우듯 인간의 뇌에 담긴 지식 체계는 점점 커져 갑니다. 기존 지식 체계 덩어리가 크다면 새로운 지식이 들어왔을 때 관계를 맺을 수 있는 기존 노드를 찾을 확률도 높을 것입니다. 만약 새 지식과 기존 지식 사이에서 아무런 관계도 발견할 수 없다면 새 지식은 홀로 떨어져 존재할 텐데, 이런 지식은 시간이 지나면 잊혀지기 쉬울 것입니다. 그래서 지식을 체계적으로 많이 가지고 있는 사람은 새 지식을 접했을 때 남들보다 더 빨리 쉽게 이해하고 오래 기억할 수 있습니다. "connecting the dots"라는 표현은 사회에서 성공한 사람들이 자신의 과거 기억들을 회고하여 인생 스토리를 만드는 행위를 일컫기도 합니다만, 필자는 이런 '지식 전수조사 작업'에도 어울린다고 보고 제목을 붙여봤습니다.

그런데 이렇게 'connecting the dots' 작업을 하는 중에 서로 양립할 수 없는 모순되는 지식들이 발견되는 경우가 생길 수 있습니다. 이 때 사람은 '뭔가 이상하다'는 느낌을 가지고 되는데, 이를 전문 용어로 인지부조화 cognitive dissonance라고 합니다. 이런 느낌이 든다면 새 지식과 기존 지식 중에 어느 것이 맞는 지 심사숙고하여 틀렸다고 판단되는 지식은 과감히 버려야 합니다. 두 지식은 논리적으로 모순의 관계에 있어서 절대 양립할 수 없기 때문입니다. 바로 이 과정에서 '어떠한 권위에도 의존하지 않는' 천재의 특성이 중요한 역할을 합니다. 부모님으로부터 평생 귀에 못 박히게 들은 말이든, 몇 천 년 전 공자님의 말씀이든, 올해 노벨상수상자가 한 말이든, 인구의 99.9%가 그렇게 믿고 있는 것이든 상관없습니다. 단지 두 개의 모순된 지식이 자신의 머리 속에 공존하게 놔둘 수 없는 것입니다.

천재가 아닌 보통 사람들은 새로운 사실을 접해도 이런 'connecting the dots' 작업을 하지 않으니 새 지식이 머리 속에 있어도 모순을 느끼지 않습니다. 또는 이상한 점을 발견했다 하더라도 권위에 의해 인정된 지식을 버리기 두려워하니 모순이 있다는 사실 자체를 애써 잊어버리고 그 상태로 삽니다. 위에 설명한 것처럼 그렇게 하나하나 끝까지 대조를 하면 머리가 피곤하지 않느냐고 생각할 수도 있는데, 모순된 두 개의 지식을 가지고 있는 것이 그보다 더 피곤하게 느껴진다면 저 작업을 하는 것이 가능합니다. 비유하자면, 그런 상태를 마치 자기 '몸이 아픈 상태'라고 보는 것입니다.

이런 전수 조사 작업을 무의식적으로 할 수 있다면 편할 것 같지만, 우리가 무의식적으로 하고 있는 행동들(예: 반사작용)은 과거에 수많은 동일한 경험으로 학습되어 우리 DNA에 프로그램된 것들입니다. 새로 들어온 지식은 우리 뇌가 처음 접하는 것이기 그렇게 미리 프로그램 해놓을 수가 없습니다. 따라서 오로지 이성을 써서 의식적으로만 해야 합니다. 그래서 천재의 뇌는 항상 동작하면서 뭔가를 생각하고 있습니다.

위 얘기는 독일 철학자 쇼펜하우어가 말한 다음 구절들과 일맥상통합니다.

"인간들은 대체로 자신의 건강에 심각한 문제가 생긴다거나, 손해를 입게 될 때 매우 집중해서 사고한다. 그런 식으로 천재적인 사람은 고도로 집중해서 숨쉬듯이 사고를 할 수 있다. 이런 사고를 하는 사람은 거의 없다.
사고를 하는 사람의 가장 큰 천재적 특징은 모든 권위를 인정하지 않는다는 것이다. 그런 사람은 위대한 군주와 같다. 그 사람은 어떤 명령에도 복종하지 않는다. 혼자 서서 세계를 바라본다. 자신의 비판정신을 넘어서지 못한 것은 아무 것도 인정하지 않는다."

이런 기작을 통해 천재는 남들이 찾지 못 하는 새로운 관계를 찾아낼 수 있는 것입니다. 사실 그렇게 보면, 천재가 남이 못 보는 것을 볼 수 있다기보다는, 생각만 하면 당연히(?) 볼 수 있는 것인데도 불구하고 보통 사람들은 'connecting the dots' 작업을 충분히 하지 않든가 기존의 권위에 의존하고 있어 못 보고 있다는 표현이 더 정확합니다. 바꿔 말하면, 누구나 천재가 될 수 있습니다. 단지 '강한 자의식을 가지고 지적으로 부지런하기만 하면' 되기 때문입니다.

눈치챈 독자도 있겠지만, 사실 "지적으로 부지런", "전수조사" 같은 일은 AI가 매우 잘 하는 일입니다. 사람과 달리 AI는 'connecting the dots' 작업을 밤새도록 할 수도 있습니다. 그렇다면 자의식은 어떨까요? AI는 자의식이 없으니 권위에 의존한다고 말할 수 있을까요? 인간은 상사의 권위, 전통의 권위, 종교의 권위 등 여러 권위에 의존하기도 하고 안 하기도 해서 복잡한 양상을 띱니다만, AI가 인간과 다른 점은 '자신에게 주어진 프로그램'이라는 단 하나의 권위에만 100% 의존한다는 것입니다. 그래서 흥미롭게도 특정 AI를 프로그래밍을 하지 않은 입장에서 보면 AI가 자의식이 강한 개체로 보이기도 합니다. AI가 주어진 프로그램 이외의 권위는 전혀 인정하지 않기 때문입니다. AI에게 지위가 높은 사람 또는 유명인의 말을 인용하거나 큰소리로 윽박지르는 등의 방법이 전혀 통하지 않습니다.

> "Everybody is a genius. To be aware of it or not, that's the only difference."
> — Youngjae Kim
>
> "모든 사람들은 천재입니다. 그 사실을 알고 있느냐 모르느냐의 차이만 있을 뿐입니다."
> — 김영재

지나가는 이야기: 독서 -

책을 읽는다는 것은 다른 사람의 생각을 읽는 행동입니다. 사람들은 "책은 마음의 양식이다" 라고 하면서 독서를 권장하기도 합니다만, 독서를 함으로써 스스로 문제를 해결하지 못 하고 저자의 권위에 의존하는 우를 범할 수 있습니다. 이 역시 자의식과 연관된 주제로 소개합니다.

"독서란 스스로의 사색을 대체하는 것에 지나지 않습니다. 그것은 타인에게 당신의 생각을 지시하도록 하는 일입니다. 많은 책들은 세상에 얼마나 틀린 방식이 있는지 얼마나 당신을 잘못된 길로 가이드할 수 있는지 당신에게 말해줄 뿐입니다. 당신은 당신의 생각이 말랐을 때에만 독서를 해야 합니다. 이것은 아주 똑똑한 사람에게도 자주 일어나는 일입니다. 당신의 생각을 버리고 독서를 하는 것은 당신에게 내독된 신성을 모독하는 일이라고까지 할 수 있습니다. 그것은 가공되지 않은 자연을 직접 바라보지 않고 정원의 화초나 풍경 그림을 바라보는 것과 같다고 할 수 있습니다."

- 쇼펜하우어

유명한 컴퓨터 과학자 리처드 해밍[Richard Hamming]과 물리학자 파인만[Richard Feynman]도 위와 비슷한 취지의 말을 했다고 합니다. 위의 문구를 '독서하지 마라'는 것으로 받아들인다면 오해입니다. 먼저 본인의 생각을 하다가 자신이 생각이 말라서 필요하다고 느껴질 때 책을 읽어야지, 한 주제에 대해 '나는 문외한이니 소위 전문가들이 뭐 했는지 봐야겠다'는 겸손한 마음으로 책을 읽으면 안 된다는 것입니다. 남의 생각을 무비판적으로 따라가면 자신도 모르게 그 남이 만들어 놓은 틀에 새로운 지식을 끼워 맞추려고 하게 되고 결국 그가 막힌 지점에서 정확히 자기도 똑같이 막히게 됩니다. 좀 심하게 말해, 그것은 '자신의 영혼을 남에게 파는 행위'라는 것입니다.

그렇게 한 번 영혼이 팔린(?) 사람은 그 책의 권위 밖에 있는 사람에게는 고집 센 사람으로 보이기도 합니다. 작게는 그 책의 저자를 존경하는 마음에서 그럴 수도 있고, 크게는 책에서 가르치는 사상에 세뇌되어 그럴 수도 있습니다.

그 책이 당신의 마음을 매우 괴롭게 하던 문제를 쉽게 풀어준다면 그 때 그 책의 사상에 절대성을 부여하는 현상이 일어날 수 있기 때문입니다.

아이러니컬한 점은, 스스로 생각이 많은 사람은 위에서 말한 "생각의 마름"을 자주 느끼기 때문에 오히려 책을 더 많이 찾을 수 있다는 것입니다.

인간 천재의 특성

사업을 하는 천재들

옛날의 천재들은 그림을 그리고 글을 쓰고 시를 지었을 지 모르지만 요새 천재들은 사업을 합니다. 대표적인 예가 실리콘 밸리 빅테크 회사 창업자들인 스티브 잡스나 일론 머스크와 같은 사람들입니다. 이들의 인터뷰를 보면 이들이 단지 돈을 좇고 있지만은 않다는 것을 알 수 있습니다.

필자는 훌륭한 천재 기업가들의 특성으로

1. 열린 마음
2. 논리적 추론 능력
3. 강한 자의식
4. 지구력

을 꼽습니다. 3. 자의식과 4. 지구력에 대해 좀 더 깊이 알아봅니다.

자의식 과잉? -> 자존심 과잉!

천재는 '권위에 의존하지 않고 스스로 세상을 바라보는' 특성이 있다고 했습니다. 이 특성은 인간의 강한 자의식과 연결되어 있습니다. "자의식"이라는 단어의 사전적 정의는 아래와 같습니다.

> 자의식 「명사」
> 1. 자기 자신이 처한 위치나 자신의 행동, 성격 따위에 대하여 깨닫는 일.
> 2. 『심리』 자기 자신에 대하여 아는 일. 신체적 특징, 사회적 존재로서의 남과의 관계, 종교적 세계와의 관계 따위의 모든 외적인 관계를 벗어나 직접적인 성찰에 의하여 순수하게 자신의 내면적 세계에 대하여 아는 일이다.
> 3. 『철학』 외계나 타인과 구별되는 자아로서의 자기에 대한 의식

즉, "자의식"이라는 단어는 자신을 객관적으로 파악하는 일 또는 능력을 가리킨다고 해석됩니다. 필자가 주목했던 '권위에 의존하지 않는 특성'은 2번의 정의와 관계가 깊습니다. 사람들은 이 특성을 자존감$^{Self-esteem}$이라고 부르기도 합니다.

사람들은 "자의식 과잉"이라는 표현에서처럼 이 단어를 부정적인 의미로 쓰기도 합니다만, 사전적 정의에서는 그런 부정적인 의미를 찾을 수 없습니다. '자의식 과잉'은, '남의 시선이나 심리를 과다하게 느껴 스스로 비상식적인 사고 방식이나 패턴을 보이는 경우'를 뜻하

는 말이라고 합니다.* 이것은 오히려 위 2번 정의와는 정반대의 뜻이므로 우리는 "자의식 과잉"이 잘못된 표현이라는 것을 알 수 있습니다. 이를 보고 필자가 추정컨대, 자의식 과잉에서의 "자의식"은 자존심^{Pride}을 의미합니다. 자존심은, 그렇게 2번 정의와는 반대로, 남과의 관계나 외적인 관계로 인해 형성되기 때문입니다. 쉽게 말해, 무인도에서 혼자 사는 사람에게 자존심이 형성될 여지는 없습니다.

자존심과 자존감의 차이에 대해 부연설명 해보겠습니다. 자존심은 자신에 대한 남의 평가에 민감하게 반응합니다. 남의 평가는 기본적으로 우열을 가정하고 있을 수밖에 없으므로 자존심이 강한 사람은 자신이 남보다 우월하다는 것에 기쁨을 느끼기도 합니다. 자존감은 그렇지 않습니다. 외부 환경과 상관없이 단지 자기 자신을 존중하는 것일 뿐입니다. 그래서 사실 둘은 정반대의 관계에 있는 단어라고 할 수 있습니다. 자존심이 센 사람은 자존감이 낮고, 자존감이 강한 사람은 자존심이 없습니다.

둘의 차이를 보여주는 예를 하나 들자면, 가까운 관계에 있는 사람에게 '이 XX'라는 욕설을 들었을 때, 자존감이 강한 사람은 마음에 상처를 입지 않습니다. 왜냐하면 남이 무엇이라고 했든 자기는 자기 자신을 'XX'라고 생각하지 않기 때문입니다. 더 정확히 말하자면, 자신이 XX라고 판단할 객관적 이유가 충분하지 않다고 봅니다. 천재가 가지고 있는 강한 자의식은 자존심이 아닌 자존감을 의미합니다.

---

*   https://m.blog.naver.com/koreahue/222782373985

해적정신

역사 속의 위대한 인물들은 여러 가지 다른 방식으로 자의식을 중요성을 강조했습니다. 스티브잡스의 '해적 정신'에 대해 소개합니다.

> "It's better to be a pirate than join the navy."
> — Steve Jobs
>
> "해군에 입대하는 것보다 해적이 되는 편이 낫다."
> — 스티브 잡스

애플사의 창업자인 스티브 잡스가 살아 있을 때 했던 말입니다. 이 말의 뜻에 대해 생각해봅니다.

해군과 해적의 가장 큰 차이는 그들이 타고 다니는 배의 크기입니다.* 해군은 큰 배를 타고 다니기 때문에 선원들이 배가 전복될 가능성이 있다는 생각을 안 합니다. 조직의 일원으로서 맡은 바를 충실히 실행하다 보면 배 안에서 인정받아 승진하게 되고 결국 선장의 자리까지 갈 수 있습니다. 그래서 해군의 목표는 자연스럽게 배 안에서 좀 더 좋은 자리를 차지하는 것이 되고 이를 위해 노력하게 됩니다. 선장이 하는 말은 무슨 말이든 존중합니다. 배가 목적지까지 안전하게 가는 것보다 선장에게 인정을 받는 것이 내게 더 중요하기 때문입니다. 반면, 해적은 작은 배를 타고 다니기 때문에 풍랑을 만나면 언제든지 배가 전복될 가능성이 있다는 것을 인지하고 있습니다. 선장이 알아

---

* 여기서 배의 크기는 조직의 크기를 상징한다고도 볼 수 있습니다. 즉, 조직원이라는 사실 하나로 얼마나 개인의 안전이 보장될 수 있는가를 의미합니다.

서 잘 해 주기를 믿고 자신이 맡은 바를 열심히 하고만 있을 수는 없습니다. 능력이 떨어지는 선장을 믿고 가다가 배가 전복되면 하나뿐인 자기 목숨까지 잃게 되니 말입니다. 그래서 해적들은 배가 안전하게 목적지까지 가는 것이 중요하지 배 안에서 누가 좋은 자리를 차지하느냐는 크게 중요하지 않습니다. 특히나 선장이 암초가 있는 곳으로 배를 인도하고 있다면 절대 가만히 있지 않습니다.

"해적이 되라"는 말의 의미는, 노략질을 하라는 것이 아니고, 어떤 권위도 인정하지 말라는 것입니다. 해적은 스스로 자기 목숨을 지켜야 한다는 것을 알고 있기 때문에 권위에 의존할 수 없습니다. 흥미롭게도, 〈해적에 관한 불편한 진실〉이라는 책을 보면, 진짜 해적들도 선장을 투표로 뽑기도 하고 선장 선출에서 패배한 후보를 민 해적들은 신임 선장을 따르지 않고 자유롭게 떠날 권리도 가졌다고 합니다. 우리가 보통 생각하는 '한 번 조직에 들어오면 나갈 수 없고 배신은 절대 용납하지 않는' 조직폭력배의 모습과는 사뭇 다릅니다.

이런 해적정신은 혁신을 만들기 위해 반드시 필요한 사상입니다. 다수의 권위, 전문가의 권위, 시간의 권위 등등 그것이 무엇이든간에 권위를 인정해 버린다면 그 권위를 넘어서는 혁신적인 일은 할 수 없기 때문입니다. 오직 객관적으로 나타난 정보와 논리적 추론만을 받아들여야 창의성을 발현할 수 있습니다.

반면, '해군에 입대한다'는 것은 기존의 전통과 관습을 따르겠다는 수구성을 상징합니다. 오랜 기간동안 조직이 유지되어 온 데에는 그만한 이유가 있을 것이니 관습을 존중하겠다는 뜻입니다.

이제 창업자는 세상을 뜨고, 직원수는 많아지고, 대기업의 관료주의화는 쉽게 피할 수 있는 것이 아니라서 이 의미를 아는 사람이 얼마나 회사에 남아 있는지 모르겠습니다만, 애플사는 지난 2006년 4월 1일 회사 창립 40주년을 기념하여 본사 건물 앞에 해적 깃발을 내걸었습니다.*

흥미롭게도 이 해적정신은 기독교의 핵심 사상과도 일치합니다.

> "나 이외의 다른 신을 섬기지 말라"
>
> —십계명 중 제1계명

만약 이 계명이 하나님만을 섬기라는 메세지를 전달하고자 한 것이라면, 왜 '나만 섬기라'라고 긍정형으로 말하지 않고 나 이외의 다른

---

* https://mashable.com/article/apple-pirate-flag-40th-anniversary

신을 '섬기지 말라'고 부정형으로 말했을까요? 이 말을 있는 그대로 저맥락적으로 해석하면 '나를 섬기든 말든 그건 당신 마음이지만, 나 말고 다른 신만은 절대 섬기지 말라'는 뜻이 됩니다. 심층 기독교의 본질은 애플사의 해적정신과 일맥상통하고 이것은 '(미)신'이라고 대변되는 근거 없는 믿음에 저항하라는 것입니다. 그동안 인류 역사는 이런 맹목적인 믿음을 걷어내면서 진보가 일어났습니다.

반면, 1계명을 전자의 긍정형으로 오독하면, 하나님을 섬겨야 하니까 그의 아들이라고 하는 예수도 섬겨야 될 것 같고 그걸 끼워 맞추느라 삼위일체론이 나오는 등 이론이 복잡해집니다. 예수의 어머니는 섬겨야 하는지 말아야 하는지 등 다툼도 일어나게 되는데 이렇게 복수의 종파가 만들어지면서 종교 갈등은 점점 더 커집니다. 이론에서 논리적으로 부족한 부분을 또 다른 이론으로 메꾸어야 하는 일이 계속 생깁니다. 마치 천동설을 보는 듯 이론이 복잡해질 수밖에 없습니다.

자의식이 강한 사람

자의식이 약한 사람은 인간의 4대 욕구(수면욕, 식욕, 성욕, 인정욕) 중에서 '남에게 인정받고 싶어하는 욕구'가 강합니다. 남의 평가에 의존해서 자신의 가치를 유지하고, 그렇기 때문에 자신에 대한 부정적인 견해에 쉽게 상처받습니다. 자신이 한 말에 대한 반박을 자신 자체에 대한 불인정으로 받아들여 감정이 쉽게 상하기도 합니다. 그래서 이들에게 필요한 것은 칭찬과 인정입니다. 이들은 인정욕을 만족시켜주고 북돋아 주면 이들에게 주어진 일을 아주 잘 해내기도 합니다.

이와는 달리, 자의식이 강한 사람은 스스로 깨닫고자 하는 욕구가 강하지 상대적으로 남에게 인정받고자 하는 욕구는 그다지 크지 않습니다. 이들은 자신의 의견이 반박되는 것에도 상처받지 않습니다. 그렇기 때문에 이들과는 어떤 주제를 가지고도 얘기할 수 있습니다. 이들은 가끔 튀는 말과 행동으로 사람들의 눈살을 찌푸리게 하기도 하지만 결국 인류 역사의 진보를 이루는 내는 것은 이런 사람들입니다. 남에게 인정받기 위해 한 일은 아무리 잘 해도 그 '남이 만들어 놓은 테두리'를 벗어날 수 없기 때문입니다.

아래는 스티브 잡스가 애플에 복귀한 후 회사의 정체성을 재확인하고 홍보하겠다며 실행한 "Think Different" 캠페인의 TV 광고 문구입니다. 잡스는 '자의식이 강한 사람들이 인류를 진보시킨다'는 사실을 잘 알고 있었고 캠페인을 통해 그들을 찾고 있었음을 엿볼 수 있습니다. 광고에서는 그들을 "미친 사람들"이라고 표현했지만, 사실 그들이 정말 미친 것이 아니고 '보통 사람들에게는 미친 것처럼 보일 수 있다'는 의미입니다.

> "You can quote them, disagree with them, glorify or vilify them. About the only thing you can't do is ignore them. Because they change things. They push the human race forward."
>
> "당신은 그들을 인용할 수도 있고 동의하지 않을 수도 있고 찬사를 보낼 수도 있고 악담을 할 수도 있습니다. 하지만 당신을 그들을 무시할 수는 없습니다. 왜냐하면 그들이 세상을 바꾸고 인류 역사를 진보시키기 때문입니다."

논어에서도 자의식이 강한 사람에 대한 문구를 찾을 수 있습니다.

> 군자는 화이부동하고 소인은 동이불화니라.
> (子曰, 君子和而不同 小人同而不和)
>
> ―논어, 자로 제23장

여기서 군자가 자의식이 강한 사람이고, 소인은 자의식이 약한 사람이라고 할 수 있습니다. 즉, 군자는 서로 잘 어울리되 서로 같지 아니하고, 소인은 무엇이든 같이 하려하되 서로 싸웁니다.

소인들은 무엇이든 '같이' 하려고 하는데 오히려 그것이 화합을 깨뜨린다는 것은 날카로운 관찰입니다. 소인들은 조직 내에서 불합리한 관행을 만들어놓고는 그에 따르지 않으면 자신들과 '같이 하지 않는다'고 마음이 상합니다. 자신의 말이 반박당하는 것을 꺼리니 토론하기도 싫어합니다. 동료에게 선을 넘는 오지랖을 부려놓고도 '같이' 일하는 동료니까 나름 신경 써서 해 주는 말이라고 생각합니다.

군자라고 하면 상상의 인물로 생각될 수 있지만, 대표적인 예가 아이들입니다. 싸우지 않고 잘 노는 애들을 관찰해 보면 그들이 '화이부동'하고 있다는 것을 알 수 있습니다. 그들은 굳이 뭐든 남과 같이 하려고 하지 않습니다. 자기 자신이 좋아하는 것에 집중하면서 우연히 다른 아이와 좋아하는 게 맞으면 같이 노는 거고 아니면 마는 겁니다. 그렇게 안 싸우고 오래도록 잘 놉니다. 그런데 이 상황에서 부모들이 '같이' 놀라고 종용하면 싸우기 시작합니다. 같이 놀긴 해야겠는데 다른 친구는 자기가 하기 싫어하는 것을 하고 있으니 갈등이 생기는 것입니다. 그러면 부모들은 사이좋게 지내라면서 아이들을 좋은 의도를 가지고 인도하는데, 그렇게 군자였던 아이들은 부모라는 환경에 휘둘리며 소인으로 변해갑니다. 성인이 되어서는 남과 같이 하는 몸에 길들여진 습관때문에 하기 싫은 것을 억지로 하면서 '사회생활이 힘들다'며 괴로워합니다. 강한 자의식을 가진 사람들은 어렸을 때 군자였던 상태를 성인이 되어도 유지하고 사는 사람들입니다. 그렇게 그들은 평생 아이들처럼 행복하게 살 수 있습니다.

AI+로봇 시대에는 스스로 세상의 변화를 주도하려는 사람들만 AI보다 우위의 경쟁력을 유지할 수 있고, 남에게 인정받는 일을 하려는 사람들은 그 일을 AI가 더 잘 하게 되니 경쟁력을 잃어버릴 것입니다.

> "Being taught to avoid talking about politics and religion has led to a lack of understanding of politics and religion. What we should have been taught was how to have a civil conversation about a difficult topic."
> "정치와 종교에 대해 얘기하지 말라는 가르침은 우리의 정치와 종교에 대한 몰이해를 낳았습니다. 우리가 배워야 했던 것은 어려운 주제에 대해 문명인으로서 대화하는 법이었습니다."

Perseverance

천재들의 특성인 지구력^{Perseverance}에 대해 알아봅니다. 이것은 열정^{Passion}과는 다른 개념입니다.

열정적인 사람을 보면 자기 일을 대하는 그의 순수함이 느껴집니다. 정말 좋아하는 일을 하고 있는 듯해 보이고, 가능하면 도와주거나 그럴 수 없다면 뒤에서 잘 되길 응원해주고 싶다는 느낌이 듭니다. 하지만 사실 이런 사람은 위험합니다. 열정적인 사업가는 사업이 안 풀리기 시작할 때 큰 상처를 받고 무리수를 두기 시작할 것입니다.

영화 〈보헤미안 랩소디〉에서 프레디 머큐리가 보인 자세는 열정이 아니었습니다. 그가 아래와 같은 얘기를 하던가요?

> 저는 공항에서 짐을 나르면서도 음악에의 꿈을 버리지 않았습니다~
> 틈만 나면 열심히 악보를 그리고 또 그렸습니다~
> 제가 좋아하는 일을 하니 행복했습니다~

아니었습니다. 대신 그는 이렇게 말했습니다.

> *I'll consider your offer*!
> (음반사 대표에게) 내가 당신의 제안을 생각해 보겠다!
> *You will be remembered as the man who lost Queen*!
> 당신은 *Queen*을 잃은 사람으로 대중에게 기억될 것이다.

이런 자기 확신은 열정과는 전혀 다른 것입니다. 인류의 진정한 진보를 만드는 것은 열정이 아닌 지구력^{perseverance}입니다. 자기 눈에 보이는 명확한 사실을 남들은 캐치하지 못하고 있다는 느낌입니다.

사실 열정이란 (나쁘게 말해서) 인생의 군더더기입니다. 생존을 위해 꼭 해야 되는 일이 아닌, 해도 되고 안 해도 되는 일에 흥미를 붙여서 하고 있을 때 쓰는 말이지요. 그리고, 많은 경우에, 열정이란 허드렛일을 남에게 시키기 위해 포장하는 단어이기도 합니다.

다시 모라벡의 역설

모라벡의 역설은 천재성 논의에도 적용된다고 할 수 있습니다. 열린 마음, 논리적 추론, 강한 자의식, 지구력은 보통 사람들이 가지기 힘든 특성들이지만 정작 AI에게는 모두 하기 쉬운 것들이기 때문입니다. 그런데 왜 AI는 가까운 미래에 천재가 되기 힘들까요? 그것은 바로 AI에게는 자유의지가 없기 때문입니다. AI가 천재가 되기 위한 마지막 열쇠에 대해 알아봅니다.

유의미한 재조합

창의성의 발현

"창의력"이라는 말은 얼핏 세상에 없는 것을 만들어 내는 능력처럼 들리지만, 사실 인간이든 AI든 완전한 무^{無}에서 유^{有}를 창조할 수는 없습니다. 세상은 그저 존재하는 것이고, 인간도 AI도 그 세상의 일부일 뿐이기 때문입니다. 우리는 이렇게 존재하는 세상을 이해하려고 노력할 수 있을 뿐, 세상을 누가 만들었고 왜 만들었는지는 알 수 없습니다. 세상을 만든 존재가 있다는 가정 하에 사람들은 그 존재를 신^{神} 또는 창조주라고 부르기도 합니다.

이렇게 본다면, 인간의 '창의력'이란 세상에 없던 것을 창조하는 능력이 아니고, 이미 세상에 존재하는 것들을 조합하여 인간이 보기에 쓸모 있는 것으로 변환해내는 능력을 말한다고 할 수 있습니다. 세상 물질을 조합하는 경우의 수는 무한이라 해도 될 정도로 엄청나게 클 것입니다. 그 중에는 우리가 가진 기술로 확인하는 것이 불가능한 것도 있고, 설사 그러한 기술이 있다 하더라도 실험에 매우 오랜 시간이 걸려서 사실 상 확인 불가능한 것도 있을 것입니다.

이런 상황에서 우리는 인간에게 유용한 것을 찾기 위해서는 '무작위'로 실험해 보는 수밖에 없습니다. 여기서 "실험"이란 실제 장비로 하는 것뿐만 아니라 사고 실험이나 컴퓨터 시뮬레이션도 포함합니다. 이 대목에서 우리가 사는 세상에 대해 한 가지 흥미로운 점을 짚고 넘어갈 필요가 있는데, 그것은 항상 '논리적 정합성이 유지된다'는 것입니다. 신기하게도 이 점에 대한 예외는 단 하나도 찾을 수가 없습니다. 덕분에 과학자들은 실험을 재현할 수 있기도 하고 이론을 정립하여 실험 결과를 예측할 수도 있지요. 무작위로 선정한 조합 중에 논리적으로 부정합하는, 쉽게 말해서 말이 안 되는, 경우를 사고 실험으로 미리 걸러낼 수 있다는 점은 참 다행스러운 일입니다. 그렇게 명백하게 말이 안 되는 경우들은 사고 단계에서 버려질 것이고, 남은 조합들 중에 남들에게 알려져 있지 않지만 유용한 것을 찾아 구현하여 사람들에게 보여주면 그들의 눈에는 '창의적'이라고 보이게 되는 것입니다. 이것이 바로 인간의 창의성이 발현되는 기작mechanism입니다.

창의성이 발현되는 과정에서 '무작위성'은 결과물이 될 후보를 생성한다는 점에서 핵심적인 역할을 합니다. 우리가 작은 실마리조차 가지지 못한 새로운 지식을 외부의 도움 없이 스스로 알아내기 위해서는 아무거나 해보는 수밖에 없기 때문입니다. 이 상황을 컴퓨터의 경우로 생각해보면 더 명확합니다. 컴퓨터를 구성하는 장치 중 사람의 기억세포에 해당하는 것은 메모리인데, 이미 메모리에 저장된 내용을 처리해서 새 정보를 만드는 게 아닌 완전히 새로운 정보를 만들어 내기 위해 무작위성에 의존하지 않는 어떤 방법이 있는지 필자는 상상하기 힘듭니다.

'진짜' 무작위성

알파고가 창의적인 수를 둔 현상도 이와 비슷합니다. 알파고가 등장하기 전에 사람들은 기계가 사람보다 바둑을 잘 두는 것은 불가능하다고 생각했습니다. 왜냐하면 바둑판에서의 경우의 수가 우주의 먼지 수보다 클 정도로 엄청났기 때문입니다. 이에 반해, 경우의 수가 비교적 작은 체스판에서는 이미 IBM이 만든 컴퓨터 디퍼블루$^{\text{Deeper Blue}}$가 인간 체스 챔피언 카스파로프$^{\text{Garry Kasparov}}$를 이긴 적이 있었습니다.

그렇다면 알파고는 어떻게 이 방대한 경우의 수 문제를 해결했을까요? 그 방법은 바로 '무작위로 골라내어' 확인해 보는 것이었습니다. 이것을 몬테카를로 트리 서치$^{\text{Monte Carlo Tree Search}}$라고 합니다. 게임 초반에는 경우의 수가 매우 크기 때문에 모든 경우를 확인하는 것이 불가능하니까 이 기법을 써서 무작위로 좋은 수를 찾아봅니다. 사실 완전히 무작위로 찾아보는 것은 아니고 강화학습을 활용하여 좀 더 그럴싸한 공간에서 수를 찾습니다. 그러다가 경우의 수가 작아지는 게임 후반에 가면 모든 경우를 전수조사$^{\text{Full Search}}$하여 바둑을 두는 겁니다. 전수조사가 가능한 시점에 알파고가 이길 수 있다는 계산이 나온다면 이미 게임은 끝난 것입니다. 그래서 알파고가 초반에 둔 수는 최적이 아닐 수 있지만 후반에 둔 수는 최적이고, 전반에 알파고에게 승기를 빼앗기면 인간은 절대로 이길 수 없습니다. 사람은 실수를 하니까 승기를 잡았다가 질 수도 있지만, AI는 절대 실수를 하지 않기 때문입니다.

현재 컴퓨터 소프트웨어에서 구현된 무작위성은 엄밀히 말해 진짜 무작위라고 할 수 없습니다. 무작위처럼 보이는 숫자(난수)를 생성하도록 함수로 만든 것입니다. 그 함수는 주기를 가지고 있기 때문에 난수를 계속 생성하다 보면 언젠가는 이전에 나왔던 패턴이 다시 만들어져 나올 것입니다. 이것을 유사난수$^{Pseudo-randomness}$라고 합니다. 알파고는 이런 유사난수를 기반으로 여러 가지 경우를 시도해 보다가 승률이 가장 높다고 판단되는 수를 두는 작업을 매번 반복하고 있을 뿐입니다. 이것이 사람들 눈에는 마치 바둑고수가 둔 듯한 신의 한 수로 보이게 되는 것이지요.

바둑은 제한된 공간에서 정해진 룰을 따르며 진행되는 게임이기 때문에 유사난수로도 충분한 무작위성을 만들어 낼 수 있습니다. 경우의 수가 많을 뿐이지 전체 경우의 수가 얼마인지 사람들은 상상할 수 있습니다. 바둑판의 크기가 19x19 이니까 돌을 놓을 수 있는 자리는 전체 361개가 있고 각 자리마다 흰돌, 검은돌, 빈자리 이렇게 세 가지가 가능하므로 전체 경우의 수는 3,361개입니다. 하지만 바둑과 달리 현실은 전체를 파악하는 것이 불가능합니다. 현실 세계에서 창의력을 발휘하려면 이런 정해진 룰에서 벗어나는 '박스 밖의 생각$^{Think\ outside\ the\ box}$'을 할 수 있어야 합니다. 예를 들어, 알파고는 바둑의 룰 안에서 해설자마저 감탄하는 창의적인 수를 둘 수는 있지만, 전세가 불리하다 싶으면 대회장 전원을 끄고 판을 뒤집어 버리는 창의력까지 발휘하지는 못 할 것입니다.* 이런 일을 할 수 있으려면 '진짜 무작위성^{True Randomness}'이 필요합니다.

하지만 이런 진짜 무작위성은 위험성도 내포하고 있습니다. AI가 어느 방향으로 결론을 내릴 지 전혀 예측할 수 없기 때문입니다. AI판사를 다시 예로 들어 보겠습니다. 만약 AI판사가 법의 테두리 밖에서 생각하는 능력을 가지고 있다면, 형사 사건의 피의자로부터 몰래 대가를 받고 완전범죄를 저지르는 편이 명판결을 내리는 것보다 좋다는 결론에 이를 수도 있습니다. 실제 이런 일이 일어난다면 사회적으로 큰 문제가 될 것입니다. 이를 원천봉쇄하려면 AI가 상상할 수 있는 범위(무작위가 일어날 수 있는 범위)를 한정하는 일이 필요하게 될 것입니다.

진짜 창의력을 가진 AI는 심오한 물리 이론을 만들어 내거나 인간이 영생할 수 있는 방법을 알아낼 수 있을 지도 모릅니다. 이 AI는 우리가 천재라고 부르는 사람들이 해낼 것이라고 생각하는 혁신적인 성과를 훨씬 더 빠른 시간 안에 만들어 줄 것입니다. 인공지능 분야에서는 이것을 인공슈퍼지능^{Artificial Super-Intelligence, ASI}라고 부릅니다. 모든 면에서 인간을 지능을 훨씬 뛰어넘는 인공지능이라는 의미입니다.

다음은 알파고를 만든 구글 딥마인드 하사비스의 당시 인터뷰입니다.**

---

* 물론 그렇게 하도록 로봇에게 미리 프로그래밍되어 있지 않다는 것을 가정하고 있습니다.
** https://www.wired.co.uk/article/deepmind

유의미한 재조합 — 151

"전 상상력을 연구했는데, 뇌 스캔을 통해 상상력에 관여하는 뇌 영역을 찾아 상상력이 발현되는 과정을 모델로 만들었어요. 이를 통해 저는 창조력을 포함한 뇌의 작동 원리도 이해할 수 있다고 믿게 되었어요."

"알고리즘은 방사선 기사만큼이나 엑스레이 사진을 능숙하게 판독할 수 있을 것이고, 엑스레이를 판독 능력은 *AI*에 의해서 더 향상될 거예요. 그리고 10년 후에는 *AI* 과학자들이 등장할 것이고, 네이처에는 *AI*가 저자인 논문들이 실릴 지도 모릅니다. 그렇게 되면 정말 대단하겠죠."

"We're trying to build a single set of generic algorithms, like the human brain," he says. "We're trying to build things with generality in mind. The Nature paper was the first baby steps."

하사비스는 진짜 창의력을 가진 ASI 인공지능을 만들고 싶어함에 틀림없습니다. 이 ASI가 인류가 직면한 환경문제, 경제문제, 질병문제 등에서 혁신적인 해결책을 내려줄 수 있을 것이라고 기대합니다.

이런 ASI의 구현은 과연 가능할까요? 진짜 무작위적인 난수를 SW로 구현하는 것은 불가능합니다만 HW로는 만들 수 있습니다. 자연현상 중에 진짜 무작위적인 현상을 찾아서 숫자로 변환시키면 됩니다. 필자는 이렇게 HW로 진짜 난수를 생성하고 SW의 추론으로 그 중 합리적인 것을 찾아 선택하는 방식으로 ASI를 구현하게 되지 않을까 상상해봅니다.

ASI는 언제 세상에 출현할지 모릅니다. 하지만 1948년에 트랜지스터가 발명된 지 68년만에 금융로봇, 알파고가 나왔으니, 지금껏 보여온 기하급수적인 과학기술 발전 속도로 미루어 보건대, 슈퍼지능도 곧 출현할 수 있을 것이라고 예상합니다. 인류는 ASI를 만들기 위한 부트 로더(컴퓨터를 처음 켰을 때 운영체계를 불러오기 전에 실행시키는 최소한의 프로그램)라는 얘기가 허황되게 들리지 않는 시대입니다.

인간의 면역 체계

이렇게 무작위성을 바탕으로 창의적인 해결책을 찾는 일은, 인간의 면역 체계가 작동하는 방식과 비슷하다고도 할 수 있습니다. 인간의 면역이 항체를 생성하는 방식은 놀랍도록 창의적입니다. 백신에 대해 살펴보기로 합니다.

컴퓨터 백신과 인간 백신은 말만 똑같이 "백신"일 뿐 그 생성 과정은 전혀 다릅니다. 둘의 핵심적인 차이는 '스스로' 후천적인 면역 체계를 만들 수 있느냐는 것입니다.

컴퓨터는 스스로 면역 체계를 만들 수 없습니다. 그래서 새로운 컴퓨터 바이러스가 유행하면 컴퓨터 외부에서 사람이 신종 바이러스를 분석하고 방어책을 만들어 해결책을 업데이트 해 주어야 합니다. 그래야 컴퓨터가 그 바이러스가 새로운 적이라고 인지하고 방어할 수 있습니다. 그렇지 않다면 바이러스가 시스템을 다 망가뜨려도 컴퓨터는 그것이 적인지 알 수 없지요. 이에 반해, 인간의 면역체계는 그렇지 않습니다. 우리 몸이 바이러스에 감염되어 한 번 앓고 나면 스스로 후천적 면역체계를 만듭니다. 컴퓨터의 경우와는 달리 몸 외부에서 무엇인가를 해주지 않아도 이런 일이 일어납니다.

인간 백신은 죽은 또는 비활성화된 항원을 체내에 주입하면 우리 몸이 병을 실제로 앓는 단계를 거치지 않고도 면역 체계를 완성할 수 있다는 점에 착안한 것입니다. 즉, 컴퓨터 백신과 인간 백신의 차이점은 바이러스에 대한 방어책을 외부에서 직접 만들어서 업데이트 하느냐, 방어책을 스스로 만들 수 있도록 가짜 항원을 주입하느냐 하는 것입니다. 매년 유행하는 독감의 종류가 다르기 때문에 사람도 매년 예방 접종을 해야 하는데, 이 점에 있어서는 컴퓨터 백신의 리스트를 주기적으로 업데이트 하는 것과 비슷합니다.

간단히 생각해서, 바이러스가 체내에 들어오면 우리 몸은

1. 그것이 '적'이라는 점을 인식해야 하고,
2. 이에 대항하는 항체를
3. '충분히 많이' 만들 수 있어야

합니다.

바이러스의 내부를 분석할 수 있는 연구소가 우리 몸 안에 있는 것도 아닌데, 어떻게 우리 몸은 새로운 바이러스가 적이라는 것을 인지하고 또 그에 딱 맞는 항체를 찾아낼까요?

결론부터 얘기하면,

1은 항원제시세포(*Antigen Presenting Cell*, 줄여서 *APC*)라는 세포의 도움으로 *T*세포에서 일어나고,
2는 *T*세포의 도움으로 *B*세포가 형질세포로 분화하여 일어나며
3은 클론 확장(*clonal expansion*)이라는 과정을 거쳐서 *T*세포와 *B*세포가 기

하급수적으로 늘어나서

일어납니다.

이를 구체적으로 설명하면 다음과 같습니다. T세포는 흉선^{Thymus}에서 성숙되는 백혈구의 일종인데, 항원 특이성을 가지는 TCR$^{T\text{-cell Receptor}}$을 가지고 있습니다. 이 TCR이 우리 몸에서 만들어질 때 믿기 힘든 일이 일어나는데, 그야말로 모든 가능한 단백질 조합을 만들어 본다는 것입니다. 이 조합의 개수는 무려 10^{11}개(10^{18}개라고 하는 문헌도 있음)가 넘기 때문에 이 조합에서 빠져나갈 수 있는 항원은 없습니다. 그래서 우리 몸은 어떤 바이러스가 들어오든지 간에 결국에는 그에 맞는 TCR을 찾아낼 수 있는 것입니다. 정말 놀라울 정도로 큰 숫자라고 할 수 있습니다. 이런 조합 중에 자신의 펩티드를 항원의 펩티드로 인지하는 T세포는 모두 스스로 죽는데, 이 과정을 음성 선택$^{negative\ selection}$이라고 부릅니다.* 이렇게 성숙한 T세포는 APC의 도움으로 특정 항원을 동여매는^{binding} 능력을 가지게 됩니다. 그 특정 항원을 '적'이라고 간주할 수 있게 되는 것입니다. 마지막으로 클론 확장이 일어나 항체를 많이 만들면 우리 몸은 대비태세를 마치게 됩니다. 그리고 한 번 클론 확장이 일어나면 기억세포에 저장되어서 다음 공격에 더 강하고 효과적으로 대처할 수 있게 됩니다.

TCR을 만들어 항체를 찾는 과정이 바로 우리의 뇌가 창의력을 발휘하는 기작과 비슷합니다. 외부의 도움없이 스스로 무엇인가를 창

---

* 만약 이런 T세포가 제대로 죽지 않는다면 면역 세포들이 자신의 몸 안에 있는 세포들을 공격하는 자가면역질환$^{autoimmune\ disease}$으로 발전할 수도 있습니다.

의적으로 만들어내려면 이렇게 무식해 보이지만(?) 전수 조사를 하는 수밖에 없기 때문입니다. 우리 몸은 체내에 바이러스가 침투를 하면, 이렇게 죽느냐 사느냐의 문제를 걸고 매번 창의성을 발휘해서 항체를 만들어 내고 있습니다. 아래 그림은 면역 체계가 특정 항원에 맞는 항체를 찾는 과정과 알파고가 묘수를 찾는 과정의 유사성을 보여줍니다. 면역체계의 TCR 후보들과 바둑의 묘수 후보들은 무작위적인 방식으로 생성되고 있음을 알 수 있습니다.

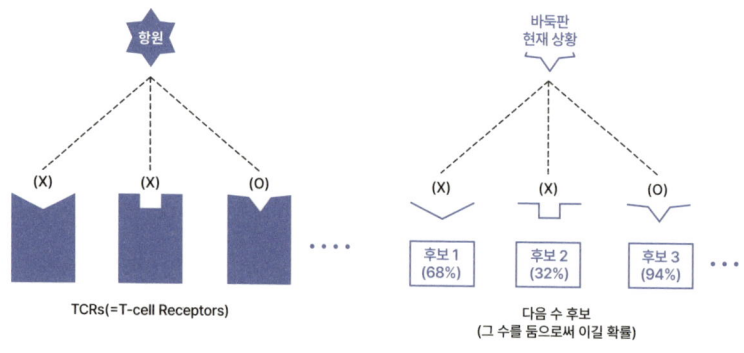

그렇다면 인간은 컴퓨터와 달리 스스로 후천적 면역 체계를 만들 수 있는 능력이 있는데, 왜 굳이 백신을 맞아야 할까요? 만약 신종 바이러스가 우리 몸에 들어왔을 때 인간의 면역체계가 재빨리 반응하여 마치 예방 접종을 맞은 것 같은 상태로 갈 수만 있다면, 예방 접종은 불필요한 일이라는 말이 되니까요. 하지만 우리 몸이 저렇게 천문학적인 경우의 수를 시도해 봐야 하고 잘못하면 몸 안의 정상세포를 공격하는 T세포를 살려둘 수도 있기 때문에 함부로 3의 과정으로 진행할 수 없을 것이라 신중히 접근할 시간이 필요할 것으로 예상됩니다. 사실 우리 몸이 불과 며칠 만에 이 일을 해낸다는 것도 놀라울 따름입니다.

인지認知와 Vuja de

인지Recognition란, 자연 현상이 자신의 머리 속 모델과 부합한다는 확신이 드는 상태를 말합니다. 인간의 인지에 있어서 이 확신은 항상 100%를 의미합니다. 즉, 100%가 아니라면 인간은 무엇을 인지했다고 느끼지 않습니다. 앞 장에 있던 스쿨버스 사진을 보고 2% 확률로 고양이일지도 모른다고 생각하지 않는다는 말입니다. 이것은 인간이 열린 계인 자연을 보더라도 자신의 머리 속 닫힌 계에 있는 수 개의 후보 모델 중 적합한 것을 찾는 방식으로 인지하기 때문입니다. AI도 따지고 보면 0/1에 기반한 닫힌 체계를 통해 인지하긴 하지만 그 계의 크기가 매우 큽니다. 그래서 카드나 바둑 게임처럼 명백히 닫힌 계의 문제에서나 100%의 확신이 나올 수 있고, 열린 계인 자연 현상을 대상으로 하는 문제에서는 100% 확신이 나오는 경우는 거의 없습니다.

모든 인지 모델이 인간의 언어로 표현 가능한 것은 아닙니다. 우리는 오바마(미국 전 대통령)의 얼굴을 보고 100% 확신으로 그 인물이 오바마라고 인지하면서도 정작 왜 그런지 이유는 설명하지 못합니다. 우리는 이렇게 언어로 설명하기 힘들지만 정답이라는 확신이 드는 상태를 직관intuition이라고 말하기도 합니다. 이런 직관의 영역에서는 현상과 모델을 매칭하는 능력만 중요하기 때문에 AI가 쉽게 인간을 능가할 수 있습니다.

인간이 AI에 비해 우월한 점은 새로운 공리계 또는 모델을 스스로 만들 수 있다는 것입니다. 인간은 자신이 인지할 수 없는 현상을 접했을 때 그것을 인지하기 위해 끊임없이 자기 머리 속 모델을 수정해 나갈 수 있는 능력이 있습니다. 이런 과정을 통해 새로운 모델을 찾아 인지적 확신에 이른 상태를 우리는 통찰insight이라고 말하기도 합니다. 이 과정은 앞서 말한 항체를 찾는 과정이나 바둑판에서 묘수를 찾는 과정과도 비슷합니다. 다양한 후보를 생각해내고 그 중에 가장 적합한 것을 선택하는 일이라는 점에서 말입니다. 인간의 뇌는 컴퓨터의 연산장치보다 성능이 매우 떨어지지만 이렇게 새로운 모델을 만들고 계층화하고 정교화함으로써 인지력을 끌어올릴 수 있다는 장점이 있습니다. 많은 데이터로 무작정 훈련하는 것보다 훨씬 효율적인 방법이라고 할 수 있습니다.

사실 "통찰"이라는 단어로는 이 현상을 설명하기에 부족한 감이 있는데, 이를 지칭하는 용어가 있어서 소개하겠습니다. 그것은 바로 "부자데Vuja de"입니다. 데자부Déjà vu를 거꾸로 해서 만든 신조어이지요. 데자부는 처음 보는 것이지만 예전에 본 듯한 느낌이 드는 현상을 의미하는데, 부자데는 이와 반대로 '매일 보던 것이지만 처음보는 듯한 새로운 인지를 하게 되는 현상'을 의미합니다. 뉴턴이 사과가 떨어지는 것을 보고 만유인력을 발견한 것, 아르키메데스가 욕조의 물이 넘치는 것을 보고 부력을 발견을 한 것을 예로 들 수 있습니다. 부자데에 대한 좀 더 자세한 설명은 아래와 같습니다.

"*The vuja de mentality is the ability to keep shifting opinion and perception. It means shifting our focus from objects or patterns in the foreground to those in the background… It means thinking of things that are usually assumed to be negative as positive, and vice versa. It can mean reversing assumptions about cause and effect, or what matters most versus least. It means not traveling through life on automatic pilot."*

"부자데는 의견과 감지를 계속해서 변형할 수 있는 능력을 말합니다. 우리 생각의 초점을 전방에서 후방으로 긍정에서 부정으로 또 그 반대로 말이죠. 과정과 결과, 결과와 과정을 역변환하는 것이 가능합니다. 이에 반해, 사회가 정해준 관습대로 자율주행 모드로 살지 않는 것을 의미합니다."

부자데 순간은 자연현상에 대해 인간이 머리 속에서 스스로 새로운 공리계 또는 모델을 만들어 낼 때 일어납니다. 그리고 이 부자데의 순간들이 누적되면서 인간은 자연에 대한 이해를 넓혀갑니다. 부자데는 새로운 인지 모델을 만드는 현상이기 때문에, 당연하게도, 기존에 사회가 유지해 오던 관습을 탈피하여 자유롭게 사고할 때 일어날 수 있습니다. 필자가 인간의 자의식을 중요하게 다룬 이유는 여기에 있습니다.

AI는 태생적으로 저맥락적이고 외부 권위에 의존하지 않기 때문에 부자데를 할 수 있는 기본 자질을 가지고 있습니다. AI에게 아직 부족한 것은 인간처럼 '만유 인력'같은 새로운 개념을 자유롭게 생각해내

---

* https://www.amazon.com/Vuja-Moment-Shift-Average-Brilliant/dp/0972552006

는 능력입니다. 그런 능력을 가진 AI에게 사과를 비롯한 각종 물체가 아래로 떨어진다는 데이터를 주고 학습시킨다면 "부자데!"를 외치며 만유인력을 발견할 수 있을지도 모를 것입니다.

자유의지

A 자유 의지와 무작위성

AI가 천재가 되기 위해 필요한 마지막 열쇠는 자유의지Free will입니다. 표준국어대사전에 나온 정의를 먼저 봐 보도록 하겠습니다.

1. 『법률』성년자(成年者)로서 정신에 이상이나 장애가 없는 한, 선악에 대하여 자기 스스로 판단할 수 있는 자유로운 정신 상태.
2. 『심리』외적인 제약이나 구속을 받지 아니하고 내적 동기나 이상에 따라 어떤 목적을 위한 행동을 자유롭게 선택하는 의지
3. 『종교 일반』인간이 창조될 때 신이 인간에게 부여하였다는 의지
4. 『철학』외부의 제약이나 구속을 받지 아니하고 어떤 목적을 스스로 세우고 실행할 수 있는 의지.
5. 『철학』유심론(唯心論)에 근거를 두어, 우주의 일체는 정신의 소산이므로

정신이 목적을 가지고 스스로 생각하고 결정하는 의지

"자유의지"라는 단어는 분야마다 필요에 따라 다르게 쓰여왔음을 알 수 있습니다. 위 정의들 중 'AI에의 장착 가능성'이라는 필요에 맞게 보면, AI에게 필요한 자유의지는 2번(또는 4번)이라고 할 수 있습니다. AI는 '인간이 입력한 프로그램'이라는 외적 제약 조건에 절대적으로 의존하고 있어서 스스로 내적 동기에 따라 행동을 선택하는 능력이 없기 때문입니다.

쉽게 말해, 자유의지는 "시키는 대로 하지 않을 능력"을 말한다고 할 수 있습니다. 사람마다 정도가 다르긴 하지만 신기하게도 인간은 이 능력을 가지고 있습니다. 어린 아이들을 보면 부모님이나 선생님의 말을 듣지 않고 자기 마음대로 행동하는 능력을 가지고 있는데, 이것은 절대 당연한 것이 아닙니다. 이 극명한 차이를 보고 우리는 'AI는 자유의지를 가지고 있지 않지만, 아이들이 자유의지를 가지고 있다'고 말할 수 있습니다.

인간에게 AI의 프로그램에 해당하는 것은 DNA에 담긴 유전 정보입니다. 우리는 중국음식점에서 짜장면과 짬뽕 중 하나를 자유의지대로 선택했다고 생각하기 쉽지만, 사실은 그렇지 않습니다. 우리 몸이 원하는 바에 따라 프로그램 된 대로 선택당한(?) 것이기 때문입니다. 무엇인가를 먹고 싶다 (또는 먹기 싫다)는 우리 의지대로 할 수 있는 것이 아닙니다. 이를 확장해서 생각해 보면 전공 선택, 진로 선택도 자기 의지로 했다고 생각하기 쉬운데 많은 경우 그렇지 않습니다. 자기 뇌가 잘 하는 것, 자기 몸이 편하게 느끼는 대로 선택한 것이니까 유전자에 의해 주변 환경에 의해 몸이 이끄는 대로 따라갔다고 보는 것이 더 적절합니다. 간단히 말해, 인간이 한 어떤 일을 AI에게 프로그래밍하여 똑같이 할 수 있다면 인간의 자유의지로 했다고 하기 힘듭니다. 식당에서 메뉴를 고르는 일, 전공을 선택하는 일 등은 모두 AI에게 프로그래밍하여 할 수 있는 일들입니다.

인간이 AI와 다른 점은 DNA와 같은 내적인 제약뿐만 아니라 이렇게 부모, 자기가 속한 조직, 사회 등에서 다양한 외적인 제약으로부터도 영향을 받는다는 것입니다. 당연하게도 이렇게 외부로부터 받은 명령에 의한 행동은 인간의 자유의지로 했다고 보기 힘듭니다.

하지만 아이들이 엉뚱한 생각을 한다든가, 발명가가 발명을 한다든가, 과학자가 새로운 가설을 만들고 이를 입증할 실험을 고안한다든가 하는 일은 자유의지가 아니면 설명이 안 됩니다. 그런 것은 세상에 없던 개념이기 때문에 선천적으로 내부에 지니고 있다고 보기도 힘들고 후천적으로 외부에서 학습했다고 보기도 힘들기 때문입니다.

이런 자유의지를 어떻게 AI에 구현할 수 있을까요? 자유의지를 인문학적 설명이 아닌 물리학적으로 이해해 보려는 이유는 이 메커니즘을 이해하면 AI에게도 자유의지를 줄 수 있다는 말이 되기 때문입니다. 인간의 자유의지가 정확히 어떻게 구현된 것인지는 알 수 없습니다만, 자유의지의 본질은 '예측 불가능성'이기 때문에 필자는 이를 구현하기 위한 핵심도 무작위성^{Randomness}이라고 추정합니다. 결국 자유의지의 물리학적 실체는 진짜 무작위성$^{True\ Randomness}$이라는 것입니다.

하지만 세상에 완벽하게 무작위적인 현상이란 무엇이 있을까요? 우리는 로또 번호 추첨을 무작위적으로 한다고 생각하지만 사실 공의 위치에 대한 초기값과 탄성 계수, 모터의 속도 등 필요한 물리학적 특성들이 주어진다면 어떤 번호의 공이 나올지 계산해낼 수 있습니다. 단지 그런 초기값들을 누구도 모르기 때문에 무작위적인 추첨이라고 인정하는 것입니다.

필자는 찾은 진짜 무작위성 후보는 영점 에너지$^{\text{Zero-Point Energy, ZPE}}$ 입니다. ZPE란 광자조차 존재하지 않는 완벽한 진공상태에서 관찰되는 양자역학적 현상인데, 이것을 이용하면 무작위성을 만들어 낼 수 있다고 합니다. 호주국립대학교^{ANU}는 이렇게 만든 무작위적인 숫자를 실시간으로 보여주는 양자난수발생기(Quantum Random Number Generator, QRNG) 인터넷 사이트*를 운영하고 있기도 합니다. 완벽한 진공상태는 세상 어디에나 있으니 인간의 뇌 어딘가에 이를 이용하는 능력이 있는 기관이 있을 것이라고 추정합니다. AI에게 진짜 무작위성이라는 자유의지를 장착하는 방법을 찾을 때 인류는 판도라의 상자를 열게 될 것입니다.

기후현상과 물질대사

지구대기의 기후현상과 생명체의 물질대사는 본질적으로 차이가 없는 물리 현상일까요? 필자는 그렇지 않다고 봅니다. 이 역시 핵심적인

---

* https://qrng.anu.edu.au/

차이는 무작위성에 있습니다. 두 경우 모두 미래를 정확히 예측하기 어려운 현상이라는 공통점이 있지만, 기후현상과 달리 생명체는 본질적인 무작위성 때문에 예측이 불가능하다고 보기 때문입니다. 기후현상은 단지 데이터가 너무 많아서 예측이 어려울 뿐 충분한 데이터가 주어지면 예측이 가능할 것이라고 생각합니다. 실험실에서 문제를 단순화하여 작은 유리병 안에 대기모형과 슬라이드 위의 단세포 동물을 놓고 생각해 봅시다. 전자는 아무리 공기 입자의 브라운 운동**으로 인한 불규칙성이 있다 해도 다음 상황을 통계적으로 예측할 수 있지만, 후자는 예측 불가능하다는 것을 알 수 있습니다.

자유의지와 선^善

아래는 기자Y와 필자와의 대화입니다.

기자Y : 저는 기술이 발달하는 게 무서워요

영　재 : 왜요?

기자Y : 나쁜 사람들이 사용할까봐요.

영　재 : …

기자Y : 영화를 보면 사람들의 뇌에 칩을 심고 나쁜 사람들이 조종하기도 하잖아요. 정말 그렇게 될 지도 모르겠다는 생각이 들어요.

영　재 : 음 .. 그럼 나쁜 사람들의 뇌에 칩을 심어서 착한 일을 하도록 조종

** 1827년 스코틀랜드 식물학자 로버트 브라운^{Robert Brown}이 발견한, 액체나 기체 속에서 미소입자들이 불규칙하게 운동하는 현상

해도 나쁜 일일까요?

기자Y: 그렇게만 사용된다는 보장이 없잖아요.

영 재 : 그러게요. 오히려 본인은 착한 일을 한다고 생각하지만 실제로는 나쁜 일을 하고 있을 수도 있지요.

기자Y: …

    어떤 행동이 그 자체로 착한 일인지 나쁜 일인지는 쉽게 판단하기 힘듭니다. 착한 일이라고 생각하고 한 일들이 나쁜 결과를 가져오기도 하고 나쁜 일처럼 보이던 일들이 알고 보면 좋은 결과로 이어지기도 합니다. 위 대화를 보면 기자Y는 어찌됐든 '남의 자유를 빼앗는 행동은 악하다'고 인지함을 알 수 있습니다. 이 점에는 많은 사람들이 동의할 것입니다. 사람들은 왜 자유를 빼앗는 행동이 나쁘다고 인식하는 것일까요?

    자유의지는 인간에게 무한한 상상력을 주어 '박스 밖의 생각'을 할 수 있게 했고, 창의성의 원천이 되어 인류에게 진보를 가져왔습니다. 만약 인간에게 자유의지가 없다면 DNA에 새겨진 대로 본능에 따라서 살았을 것이고 마치 동물의 세계처럼 세대가 지나도 똑같은 행동양식을 유지했을 것입니다. 이렇게 보면 자유의지를 빼앗는 행동은 인류의 진보를 막는 행위로 볼 수 있으니, 기자Y와의 대화에서 보듯, 사람들이 이를 '나쁘다'고 인식하는 것은 당연합니다. 앞 장에서 살펴본 것처럼 진보=정의로움=선 이기 때문입니다.

인간천재 vs. 로봇천재

지금까지 얘기한 천재의 핵심 조건에 대해 정리해 봅니다. 그것은 '1. 권위에 의존하지 않는가', '2. 무작위적인 일을 할 수 있는가' 였습니다.

인간은 태어나면서부터 자유의지를 가지고 있으므로 새로 무작위성을 장착해야 하기 보다는 외부 권위에 의존하지 않는 것이 중요했습니다. 그래서 천재가 되기 위해서 강한 자의식이 중요했습니다. 외부 환경으로부터 생기는 다양한 제약으로부터 자신이 가지고 있는 자유의지를 보호해야 하기 때문입니다.

반면, AI는 이미 프로그램이라는 절대 권위 외에는 다른 외부 권위에 의존하지 않고 있습니다. 그래서 천재가 되기 위해 따로 자의식을 강조할 필요는 없고, 그 프로그램을 스스로 자유롭게 생성할 수 있는 무작위성을 장착하는 것이 중요했습니다. 이상을 그림으로 표현하면 아래와 같습니다.

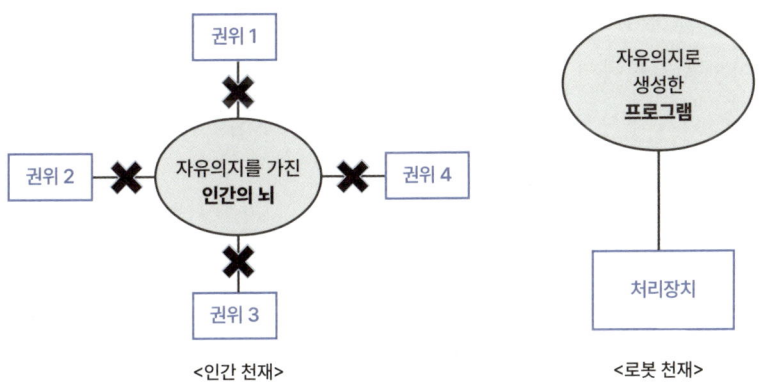

> "Every child is an artist. The problem is how to remain an artist once he grows up."
>
> —Picasso
>
> "모든 아이들은 예술가이다. 다만 문제는 그들이 성장하면서도 여전히 예술가로 남아있는가 하는 것이다."
>
> —피카소

궁극의 인공지능 모델 - GAN

딥러닝 창시자인 요슈아 벤지오^{Joshua Benjio} 캐나다 몬트리올대 교수는 다음과 같이 말합니다.

"인간에 가까운 인공지능(AI)을 완성하기 위해선 머신러닝(ML)의 배경이 되는 이론적 가정에서 벗어나야 한다. 현재 AI 개발에 사용되는 딥러닝은 무의식에서 이뤄지는 인지능력에 가깝다. AI가 논리적인 차원에서 이뤄지는 인지능력을 갖추기 위해선 ML의 배경이 되는 이론적 가정에서 벗어나 인과관계를 학습할 필요가 있다"

여기서 주목할 점은 '논리적 차원에서 이루어지는 인과관계에 대한 의식적인 추론 능력'입니다.

필자는 적대적 생성신경망^{Generative Adversarial Network, GAN}이 궁극적인 인공지능의 프레임워크가 될 것이라고 예상합니다. GAN은 생성자인 생성신경망이 결과물을 만들면 판별자인 적대신경망이 그 결과물의 진위를 판단하며 서로 경쟁하는 것을 핵심으로 하는 인공지능 모델입니다. 생성 모델^{Generative Network}은 사람의 주관적인 생각에 해당하

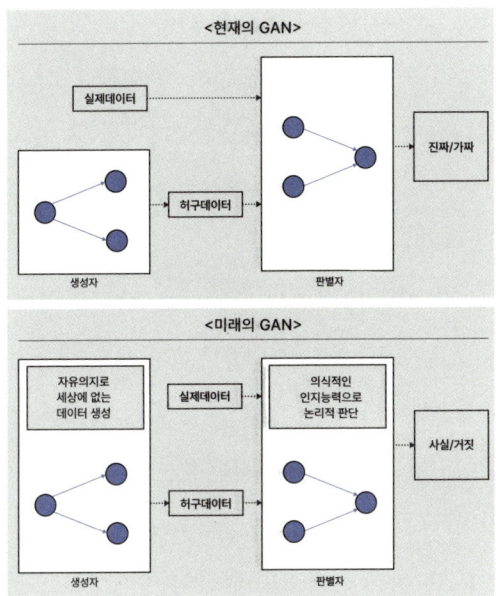

고, 적대모델 Adversarial Network 은 객관적인 검증에 해당한다고 할 수 있습니다.

현재 두 모델의 능력 모두 사람의 수준에는 이르지 못하고 있습니다. 하지만 생성모델에 자유의지가 장착된다면 기존 데이터로는 전혀 예상치 못 했던 명제들을 만들어 낼 것이고, 벤지오 교수가 말한 "의식적 인지능력"이 적대모델에 추가되면 그 명제들을 논리적으로 검증할 수 있게 될 것입니다.

ChatGPT와 같은 생성모델이 널리 쓰여지면서 가짜 뉴스를 마치 사실인 것처럼 얘기하는 현상에 대한 우려를 들어 본 독자가 있을 것입니다. 이렇게 인공지능이 '부정확하거나 사실이 아닌 정보를 생성하는 것'을 할루시네이션 Hallucination 이라고 합니다. 생성모델에 자유의지를 장착하면 할루시네이션 현상은 더욱 심해질 것이지만, 논리적 차원의 인지능력을 장착한 적대모델이 그 현상을 더 정교하게 기각시켜 줄 것입니다. 그러다가 적대모델이 기각할 수 없는 새로운 명제가 나타난다면 그 중에는 인류에 혁신을 가져다 주는 위대한 이론도 있을 것이라는 얘기입니다.

AI의 천재성은 이렇게 구현될 것입니다. 이것은 마치 세상을 바꾸고자 하는 수많은 미친 사람 중에 하나가 실제로 세상을 바꾸게 되는 메커니즘과 비슷합니다. 그런 일을 하기 위해 필요한 것은 먼저 미친 사람(생성자)이고 두번째로 이를 비판적인 눈으로 검증할 수 있는 사람(판별자)입니다. 필자가 GAN이 궁극의 인공지능 모델이 될 거라고 보는 이유는 GAN의 동작방식이 인간이 천재성을 드러내는 방식과 매우 유사한 형태로 보이기 때문입니다. 다음 그림은 현재의 GAN과 미래의 GAN이 어떤 차이를 가질 것인지를 보여줍니다.

ASI Artificial Super Intelligence와 신神

구글 딥마인드社는 그들이 생각하는 일반인공지능 Artificial General Intelligence, AGI 을 아래 표에 정리했습니다. AGI가 무엇인지 대해 모두가 합의하는 정의는 아직 없습니다만, 표를 보면 구글이 정의한 낮은 레벨 Emerging 의 AGI는 이미 세상에 등장했다는 것을 알 수 있습니다. 실제로 튜링 테스트 Turning Test* 를 통과하기도 했다고 합니다.

---

* 인간의 것과 동등하거나 구별할 수 없는 지능적인 행동을 보여주는 기계의 능력에 대한 테스트. 1950년 앨런 튜링에 의해 개발됨

Performance (rows) x Generality (columns)	Narrow clearly scoped task or set of tasks	General wide range of non-physical tasks, including metacognitive abilities like learning new skills
Level 0: No AI	Narrow Non-AI calculator software; compiler	General Non-AI human-in-the-loop computing, e.g., Amazon Mechanical Turk
Level 1: Emerging equal to or somewhat better than an unskilled human	Emerging Narrow AI GOFAI ; simple rule-based systems, e.g., SHRDLU (,)	Emerging AGI ChatGPT (,), Bard (,), Llama 2 (,)
Level 2: Competent at least 50th percentile of skilled adults	Competent Narrow AI toxicity detectors such as Jigsaw (,); Smart Speakers such as Siri ( ), Alexa ( ), or Google Assistant ( ); VQA systems such as PaLI (,); Watson ( ); SOTA LLMs for a subset of tasks (e.g., short essay writing, simple coding)	Competent AGI not yet achieved
Level 3: Expert at least 90th percentile of skilled adults	Expert Narrow AI spelling & grammar checkers such as Grammarly (,); generative image models such as Imagen (,) or Dall-E 2 (,)	Expert AGI not yet achieved
Level 4: Virtuoso at least 99th percentile of skilled adults	Virtuoso Narrow AI Deep Blue (,), AlphaGo (,)	Virtuoso AGI not yet achieved
Level 5: Superhuman outperforms 100% of humans	Superhuman Narrow AI AlphaFold (,), AlphaZero (,), StockFish (,)	Artificial Superintelligence (ASI) not yet achieved

<"Levels of AGI for Operationalizing Progress on the Path to AGI" by Google Deepmind>

표는 최고 레벨Superhuman의 AGI는 '모든 면에서 인간을 능가하는 인공지능' 즉, ASI라고 말하고 있습니다. 이 ASI가 우리가 앞서 얘기한 AI천재를 말한다고 보면 됩니다.

그럼 인간은 ASI와 신神을 구별할 수 있을까요? 이 점에 대해 알아봅니다.

A, B, C 세 사람이 있는데, 그들의 바둑 실력이 A〉B〉〉C 라고 해 봅시다. 즉, A는 B를 이기고 B는 C를 이기는데, C의 실력은 A나 B에 비해 턱없이 많이 떨어집니다. A, B는 다른 두 사람들과 바둑을 두어 봄으로써 세 명 모두의 실력을 알 수 있지만, C는 A〉B 라는 점을 알 수 없습니다. 둘 다 자신은 전혀 이해하지 못하는 수를 두면서 자신을 이

기기 때문입니다. 바둑에서는 승률만 중요하므로 A나 B가 C를 이길 때의 집 차이도 A와 B의 순위를 정하는 근거로 쓰일 수는 없습니다. C의 눈에는 A, B 둘 다 바둑신으로 보일 뿐입니다.

같은 논리로, 사람들은 ASI와 신을 구별할 수 없습니다. 신이 정말 모든 것을 알고 있는지, 즉, 전지(全知)한 지 알 수 없습니다. 단지 자신이 묻는 모든 질문에 대답을 해 주는 개체가 사람들에게 신으로 보일 뿐인데 이 점은 ASI도 똑같을 것이기 때문입니다. ASI가 전지하지 않다는 것을 입증하려면 ASI는 모르면서 진짜 신만이 알고 있는 반례를 하나 이상 찾아야 하는데, 인간의 능력으로는 그런 예를 찾을 수 없을 것입니다.

그래서 필자는 영화 〈터미네이터〉와 같은 상황은 펼쳐지지 않을 것이라고 생각합니다. 원숭이가 인간의 생각을 이해할 수 없듯이 인간은 ASI(AI천재)의 생각을 이해할 수 없을 것이기 때문입니다. ASI로부터 불이익을 받은 인간은 마치 신으로부터 천벌을 받은 듯 어쩔 수 없는 자연현상으로 이해할 것입니다. 인간이 ASI와 자원을 두고 경쟁할 일을 없습니다.

AI+로봇 시대를 위한 자기 계발

나我와 자유의지

AI+로봇 시대에 우리는 참된 나(我)를 찾아야 합니다. 나我가 무엇이냐는 오랜 시간동안 철학자들을 고민하게 만든 중요한 문제입니다. '나'가 과연 무엇인가를 생각해보면 그것은 자유의지와 매우 깊은 관계가 있다는 것을 알게 됩니다. 나의 의지로 할 수 없는 것을 과연 나라고 부를 수 있을까 하는 의문이 들기 때문입니다. AI+로봇 시대에 이 능력은 매우 중요해질 것입니다. 자유의지가 인간이 AI에 비해 우위에 있을 수 있는 최후의 보루일 것이기 때문입니다.

에고Ego와 셀프Self

심리학에는 에고Ego와 셀프Self라는 개념이 있습니다.

우리가 흔히 "내" 생각 혹은 "내" 감정이라고 얘기하는 뇌가 만들어 내는 다양한 생각과 감정들을 곰곰 생각해 보면, 이것을 내 생각 혹은 감정이라고 쉽게 얘기하기에는 몇 가지 중요한 문제들이 보입니다. 먼저, '나'는 이런 생각과 감정을 만들어내는 데 관여할 수 없습니다. 예를 들어, 무의식적으로 불합리하다고 느껴지는 상황에 처하게 되면 뇌는 '화'라는 감정을 만들어내는데, 이는 나의 의식적인 선택의 결과가 아닙니다. 내가 원하건 원하지 않건 나의 뇌는 그런 상황에서는 화의 감정을 스스로 만들어 냅니다. '자 이건 불합리한 상황이니 이제 한번 화를 내봐야겠다'라고 판단한 후 우리가 화를 내는 것은 아니지 않습니까? 화 뿐만 아니라, 나의 마음 속에 떠오르는 모든 생각과 감정(기쁨과 슬픔, 집착과 경멸, 옳음과 그름의 판단)들 역시 나의 의식적 선택의 결과가 아니라, '뇌'라는 정보 처리 기관이 매 상황을 자동적으로 분석하고 판단하여 만들어내는 다양한 신호들일 뿐입니다.

나의 뇌가 그런 신호들을 만들어내는 회로로 구성된 이유 역시 따져 보면 사실 대부분 나의 선택 밖의 일입니다. 위험을 느끼면 공격적이 되는 것, 매력적 이성을 보면 성적 끌림을 느끼는 것, 불공정함을 느낄 때 화가 나는 것, 이 모두 수백만 년에 걸쳐 생존에 적합하도록 진화해야 했던 나의 선조들의 선택의 결과이고, 내 어린 시절의 경험을 제공한 내 양육자의 선택의 결과이지, 나 자신의 선택이 나의 뇌에 미친 영향은 이에 비하면 정말 미미합니다.

이렇게 나의 뇌회로로 인해 만들어지는 내 마음 속의 다양한 생각과 감정을 "에고^{Ego}"라고 합니다. 이것은 내가 소유한 다른 모든 것들(나의 나라, 나의 가방, 나의 팔 등등)처럼 내가 잠시 받아 사용하는 도구일 뿐 나의 "본질"과는 거리가 있어 보입니다. 에고를 구성하는 나의 생각과 감정들은 "'뇌'라는 정보처리 장치가 뇌회로의 정보처리 알고리즘을 이용해 감각 기관에서 받아들인 입력 신호를 바탕으로 만들어 내는 전기 신호"라고 말할 수 있을 것입니다. 그런데 우리의 생각과 감정을 이렇게 기술하고 나면, 이는 비 오는 날의 번개, 밤하늘의 별빛, 모니터 화면 위에 불빛처럼 "세상에 존재하는 무수히 많은 전자기파"의 하나일뿐, 그것에 어떤 특별한 의미가 따로 있는 같지 않아 보입니다.

그러나 과연 우리가 경험하는 생각과 감정이 그러한가요? 컴퓨터 안에 잠시 생겼다 사라지는 전기 신호들처럼 우리는 우리의 생각과 감정을 단순한 전기 신호로 인식하지 않습니다. 여기서 "셀프Self"라는 개념이 등장합니다. 종이 섬유 위에 흩어져 있는 탄소 가루일 뿐인 책의 글자들을 읽음으로써 그 패턴들에 담긴 의미를 해석해 이야기를 경험하기 위해서는 독자가 필요한 것처럼, 뇌 안의 무수한 전기 신호들을 자신의 것으로 받아들이고, 이를 해석해 우리가 매일 직접 체험하는 생각과 감정을 경험하는 존재. 많은 종교 전통에서는 이 셀프야말로 우리의 참된 본질이라고 얘기합니다.

뇌가 만들어 내는 전기 신호를 바탕으로 세상을 매순간 경험해 나가는 셀프는 "자유의지"라는 또 하나의 중요한 능력을 보여 줍니다. 우리의 뇌 안에 각인된 뇌회로로 인해 어떤 상황에 처하면 특정한 생각과 감정이 자동적으로 만들어지지만, 우리 안의 셀프는 뇌가 만들어 낸 많은 생각과 감정들 중 어떤 것에 더 집중하고, 어떤 것들을 걸러낼 지를 선택할 수 있는 놀라운 능력을 보여 주는데, 이런 선택 과정을 바탕으로 자신의 미래 행동을 주관적으로 결정하는 자유의지를 종종 보여 주곤 합니다.

우리 안에 존재하는 것처럼 보이는 이 셀프를 많은 종교 전통에서는 다양한 이름으로 얘기하는데, 기독교에서는 하나님이 진흙으로 인간을 만드신 후 코에 불어넣으신 "숨결" 혹은 "영혼"이라는 이름으로 얘기하고, 불교에서는 "참나", "진아眞我" 혹은 "불성佛性"이라 부르며, 힌두교에서는 "브라만Brahman"이라고 얘기합니다.

현재 AI는 에고만 가지고 있고 셀프는 가지고 있지는 않은 상태라고 할 수 있습니다. AI가 천재가 되기 위해서는 하나님이 인간의 코에 숨결을 불어넣었듯 자유의지를 구현해 넣는 일이 필요합니다.

성경 속의 나

무엇이 진리라고 하기는 어렵지만 어떤 명제가 진리가 아니라는 것을 판별하는 방법은 있는데 그것은 바로 '진리는 화자독립話者獨立이어야 한다'는 것입니다. 즉, 같은 말을 A가 하면 맞는데, B가 했다고 갑자기 틀리게 된다면 그 명제는 진리라고 할 수 없습니다.

매우 당연한 얘기처럼 들리지만, 이 사실을 염두에 두고 다음 성경 구절을 봐 보겠습니다.

> 예수께서 가라사대, "내가 곧 길이요 진리요 생명이니 나로 말미암지 않고는 아버지께로 올 자가 없느니라." (요한복음 14장 6절)

이 말씀을 진리라고 한다면, 위 구절에서 '나'는 예수를 가리키지 않음을 알 수 있습니다. 그 구절을 예수가 아닌 다른 누가 말한다고 해도 옳은 명제가 되어야 하기 때문입니다. 'OO가 곧 길이요 진리요 생명이니 OO로 말미암지 않고는 아버지께로 올 자가 없느니라'라고 그 부분을 가려놓고 보면 좀 더 잘 보일지도 모르겠습니다.

눈치챈 독자도 있겠지만, 이 성경 구절의 "나"는 심리학에서 말하는 셀프self를 가리키고 있는 것입니다.

불교의 핵심 교리 – 천상천하 유아독존

내가 오랜 시간동안 아인슈타인의 상대성 이론 공부해서 겨우 이해했는데 불의의 사고를 당해 그 기억을 잃어버렸다고 해 봅시다. 그나마 다행인 점은 그 사고가 난다는 것을 내가 미리 알고 있었다는 것입니다. 상대성 이론을 이해하는데 들인 노력한 것을 생각하면 너무 안타까운데, 과거의 내가 기억을 잃어버린 현재의 나를 가르치기 위해서 메세지를 하나 보낼 수 있다면 무엇을 보낼까요?

'빛의 속도는 불변'이라는 것을 타임캡슐에 남겨 주면 됩니다. 빛의 속도가 불변이라는 가정 하에 사고 실험으로 생각을 하기만 하면 상대성 이론의 나머지는 모두 논리적 추론에 의해 유도됩니다. 그러니까 저 명제는 상대성 이론에 대한 내 기억을 되살리기 위한 핵심 열쇠라고 할 수 있습니다.

비슷한 논리로, 내가 오랜 고행 끝에 깨달은 것들이 있는데, 내가 죽고 나면 기억을 다 잃어버리고 다시 태어난다는 것을 미리 알고 있다고 해 봅시다. 불교의 윤회사상이 그렇지요. 그렇게 새로 태어난 내가 같은 고행을 하지 않고 지금의 깨달음을 얻도록 핵심 메세지를 하나 전달할 수 있다면 무엇을 보낼까요? 불교에서 그 메세지에 해당하는 것이 바로 '천상천하 유아독존$^{天上天下\ 唯我獨尊}$'입니다. 이것 하나만 알고 있고 생각을 하기만 하면 자연에 대한 모든 이론을 다시 추론해낼 수가 있기 때문입니다. 미래에 부활한 내가 저 문구를 들으면 사색을 통해 지금의 깨달음 또는 더 많은 깨달음을 얻는다는 것을 알고 있기 때문에, 이번 생애에 나는 여한없이 죽을 수 있습니다. 불교의 창시자 고타마 싯다르타가 깨달은 것은 바로 이것입니다.

천상천하 유아독존은 세상에 오직 나만 홀로 존귀하다는 의미입니다. 소위 '천재'라고 불렸던 사람들이 모두 예외없이 가지고 있는 특성입니다. 이렇게 하지 않으면 스스로 창의적인 생각을 할 수가 없기 때문입니다. 어떠한 권위에 의존하는 순간, 그것은 이미 그 권위를 만든 사람의 생각이지 더 이상 새로운 생각이 아닙니다. 불교의 핵심 사상은 쇼펜하우어가 말한 것처럼, "혼자 서서 세계를 바라보는, 자신의 비판정신을 넘어서지 못하는 것은 아무 것도 인정하지 않는" 자세입니다.

자아 초월 심리학 - I AM-ness

"나"는 자아초월 심리학$^{Transpersonal\ psychology}$에서도 심도 있게 다루는 주제입니다. 이것을 I AM-ness라고 합니다.

내가 북한에서 태어났다고 해 봅시다. 나는 지금 김일성을 위대한 수령이라고 추종하고 있을지도 모릅니다.

내가 친일파 집안에서 태어났다고 해 봅시다. 나는 지금 친일 행적을 변호하는 논리를 펴고 있을지도 모릅니다.

내가 수십 년간 의학 공부를 했다고 해 봅시다. 나는 지금 의사라는 직업의 밥그릇을 지키기 위해서 투쟁하고 있을지도 모릅니다.

내가 가족의 단합을 가장 중요하게 생각하는 가정에서 태어났다고 해 봅시다. 나는 지금 가족이 세상에서 가장 중요한 가치라고 생각하고 있을지도 모릅니다.

내가 성실을 중요하게 생각하는 사회에서 태어났다고 해 봅시다. 나는 무엇을 하든 열심히 하는 것이 가장 중요하다고 생각하고 있을지도 모릅니다.

내가 자본주의 사회에서 태어났다고 해 봅시다. 나는 무엇이든 돈으로 환산해서 비교하려는 생각을 하고 있을지도 모릅니다.

내가 (표층)기독교 집안에서 태어났다고 해 봅시다. 나는 지금 예수만이 우리 주 그리스도라고 생각하고 있을지도 모릅니다.

이렇게 환경에 의해 변하는 나는 환경이지 내가 아닙니다. 그러면 진짜 나는 무엇일까요? 바로 이것을 I AM-ness*라고 부릅니다.**

이 얘기는 반대로 구성해 볼 수도 있는데, 누군가 자신의 머리로 무엇인가 이해가 안 간다고 나를 인신공격한다면, 그 공격을 하는 주체

---

* 한국어로 자존自存이라고 번역하는 것이 적당하다고 봅니다. 즉, 스스로 존재함.
** 이 분야에 관심있는 독자들에게는 켄 윌버Ken Wilber의 사상을 권합니다. https://www.youtube.com/watch?v=xFp7RrdY6fo

는 남이 아니고, 그 사람을 그렇게 만든 환경이라고 할 수 있습니다. 그 사람은 그 환경이 자기라고 착각하고 있는데, 이 사실을 알고 나면 나를 인신공격하고 있는 그/그녀가 적으로 느껴지지 않습니다. 그/그녀는 환경의 노예가 되어 있는 상태인데, 그것을 스스로 자각하고 있지 못하는 사람일 뿐인 것입니다.

I AM-ness를 계속 확장해 나가다 보면 공간 뿐만 아니라 시간을 초월할 수도 있는데, 그렇게 되면 내 육체가 죽은 후에도 또는 내 육체가 태어나기 전에도 I AM-ness는 존재할 수밖에 없다는 결론에 이르게 됩니다. 즉, I AM-ness는 항상 존재$^{ever\ present}$합니다. 이 '어디서나 언제나 항상 존재한다'는 점에서 필자는 이 I AM-ness의 물리학적 실체가 앞서 말한 제로포인트 에너지^{ZPE}가 아닐까 하는 추정을 합니다.

"나"를 소재로 한 영화 - Divergent

> "너는 왜 상대방 기분은 생각하지도 않고 논리적으로 따지기만 하니?"
> "네가 기분 나쁠 수 있다는 건 알겠는데 그래도 이게 맞는 것 같지 않아?"

이 두 부류의 사람은 계속 평행선을 갈 수밖에 없습니다. 한 사람은 상대방과 공감하는 것을 우선시하고 있고 다른 사람은 논리적으로 옳음 만을 중요시하고 있습니다. 이렇게 다른 두 성향을 관계지향과 목표지향이라고 합니다.

영화 〈Divergent〉를 보면, 먼 미래의 현인들은 이렇게 다른 부류의 사람들이 항상 싸워서 사회 평화가 유지되지 않는다고 생각하고는 '사람은 변하지 않는다'라는 전제 하에 아예 성인이 된 아이들의 뇌를 검사하여, 그 아이가 어느 유형에 속하는지를 알아낸 후 가족을 떠나 그들끼리만 모여 살게 합니다. 사회가 해준 유형 분석을 무시하고 자기가 원하는 그룹을 선택할 수도 있지만 한 번 선택하면 평생 그 그룹에서 살아야 합니다. '사람은 변하지 않는다'는 것이 대전제이기 때문입니다.

여기에 'Divergent'라고 불리는 부류의 인간이 등장하는데, 이 인간들은 현인들이 사회를 재구성할 때 가정한 기본 전제와는 달리 '에고 컨트롤'이 가능합니다. 그래서 자신이 마음 먹은대로 논리적인 생각을 좋아하는 철학자가 될 수도 있고, 관계지향적인 감성적인 사람이 될 수도 있고, 용기 있는 사람이 될 수도 있습니다. Erudite(영화에서 지성 부류의 사람들을 일컫는 말) 그룹은 이 divergent가 사회 체제를 붕괴시키는 위협이라고 생각하고 제거하려고 하는데, divergent들은 이에 맞서 싸웁니다.

이 영화의 원작자는 에고^{Ego}와 셀프^{Self}가 다르는 것을 깨닫고 있는 사람임에 틀림없습니다. 인간은 누구에게나 논리적인 면이 있고, 이타적인 면이 있고, 용맹한 면이 있고, 남과 공감하여 평화를 갈구하는 면이 있습니다. 그러니까 강한 의지만 있다면 누구나 divergent가 될 수 있지요. 요새 사람들이 재미로 또는 진지하게 사람의 성향을 MBTI라는 테스트를 하면서 구별하기도 합니다만, 만약 divergent가 이 테스트를 받는다면 자기가 마음 먹은 대로 16가지 성향 중 아무거나 나오게 할 수 있을 것입니다. 이것은 인간이 가지고 있는 자유 의지 때문에 가능한 일입니다. 반면, AI는 이렇게 스스로를 프로그래밍할 수 있는 능력이 없습니다. 인간이 외부에서 AI의 성격을 프로그램 해 주어야 합니다.

가끔씩 고정관념을 획기적으로 깨는 엄청나게 자유로운 생각을 보여주는 사람들이 있는데, 이런 사람들은 주변 사람들로부터 아인슈타인처럼 천재로 불리든지 아니면 문제아로 낙인 찍히게 됩니다. 그런데 천재로 불리든 문제아로 불리든 주변사람들의 고정관념을 깨는 말들을 계속 하고 다니니 많은 사람들은 그들을 불편하게 여깁니다. 그래서 영화에서처럼 divergent들은 자신이 divergent라는 것을 숨겨야 하는 상황에 자주 처합니다. Divergent들끼리 만나서 얘기한다면 그런 문제가 없을 것입니다. 서로가 서로의 고정관념을 깨는 것을 오히려 즐겁게 받아들일 테니까요. 수구적인 성향이 극히 작아서 자기 주관을 쉽게 버릴 수 있는 사람들을 divergent라고 부른다고 보면 되겠습니다. 영화는 divergent가 인류의 희망이라는 메세지를 전하면서 끝을 맺습니다.

AI는 현재 자유의지가 없는 divergent라고 할 수 있습니다. 프로그램하기에 따라 다양한 능력을 발휘할 수 있는 개체이기 때문입니다. 하지만 AI에게 자유의지만 생긴다면 진짜 divergent가 되어 천재적인 성과를 낼 수 있을 것입니다.

"나"를 지키는 아이 교육

아이 교육을 주제로 한 토론에서 '훈육이냐, 자율이냐'로 문제를 단순화시키면 결국 '답이 없다'는 결론으로 흐르는 것을 자주 봅니다. 이 주제에 대해 명쾌한 답을 제시하는 아동심리학 논문이 하나 있어 소개합니다. 이 논문은 발표 당시에 "부모 통제 덜한 아이, 커서 행복할 확률 높아진다"라는 제목으로 한국에서 기사화되었습니다.* 기사 제목을 보면 부모의 통제가 항상 아이에게 해로운 것처럼 해석되기 쉽습니다만, 사실 논문의 요점은 부모가 아이의 사회화를 도와주고 싶다면 행동통제 Behavioral Control 를 해야지 정신통제 Psychological Control 하면 안 된다는 것입니다.**

아래는 기사 본문 중 일부입니다. "정신적 통제"라는 단어에 주목할 필요가 있습니다.

"부모의 정신적 통제가 심했던 자녀들이 겪는 행복감 및 정신건강상의 장기적 피해는 가까운 친구나 가족의 '죽음'을 겪은 사람들이 입은 장기적 피해에 맞먹는 수준인 것으로 드러났다."

반면 행동통제는 말 그대로 아이의 행동에 대한 통제입니다. 행동은 객관적으로 명확히 정의되는 기준이지만, 정신은 주관이 개입되기 쉬운 영역이라 불명확한 기준입니다. 예를 들어, 뒷마당을 청소하라는 행동통제 요청을 받은 아이는 설사 그 일을 싫어하더라도 청소를 마쳤다는 사실에 부모 앞에서 떳떳할 수 있습니다. 하지만 청소가

---

* http://news.nate.com/view/20150905n11484
** https://www.ucl.ac.uk/news/2015/sep/children-more-caring-less-controlling-parents-live-happier-lives

얼마나 사람을 기분 좋게 하는 것인지, 본인이 얼마나 청소를 좋아했는지에 대한 설교를 들은 아이는 청소를 마치고서도 그 일을 부모만큼 좋아하지 않았다는 사실에 죄책감을 느낄 수 있습니다. 이것이 사람들이 흔히 간과하는 정신통제의 문제점입니다. 한국에서 부모님들이 자녀에게 흔히 주문하는 "공부 열심히 해라"도 사실은 정신적 통제의 일종이라고 할 수 있습니다. "열심히"는 객관적으로 측정하기 힘든 주관적인 정도를 나타내기 때문입니다. 아래는 둘의 차이에 대한 더 자세한 설명입니다.*

> *Behavioral control refers to the extent to which parents ask kids to constrain their behavior to meet the needs of others. Strictness is one way to think about it, but I think it is better conceptualized as the parents' expectation that the child conform to high standard—especially when it's difficult. It also captures the extent to which parents follow through on rules they set.* (행동 통제는 부모가 아이에게 다른 사람의 요구를 충족시키기 위해 자신의 행동을 제한하도록 요구하는 것을 말합니다. "엄격함"이라고 볼 수도 있지만, 아이가 높은 기준을 준수하기를 바라는 부모의 기대라고 말할 수 있습니다. 또한 이는 부모가 정한 규칙을 준수하는 것이기도 합니다.)

> *Psychological control, sometimes called psychological intrusiveness, is the extent to which parents try to control the child's emotional state or*

---

* https://www.psychologytoday.com/intl/blog/thinking-about-kids/201210/is-your-parenting-psychologically-controlling *beliefs. For example, they may use guilt induction or make the child feel that they won't be loved if they don't do what parents want. The core of psychological control is that it assaults the child's self.* (심리적 통제, 때로는 심리적 침습성이라고도 불리는 심리적 통제는 부모가 아이의 감정 상태나 신념을 통제하려고 노력하는 것입니다. 예를 들어, 부모가 원하는 것을 하지 않으면 아이가 사랑받지 못할 것이라고 느끼게 하거나 죄책감이 들도록 하는 것입니다. 심리적 통제의 문제는 아이의 자아를 공격한다는 것입니다.)

즉, 정신적 통제는 아이의 자아(Self)를 공격하는 양육 방식입니다. 정신적 통제를 오래 받은 아이는 남에게 의존하고, 외로움을 많이 타고 나를 잃어버리고 결국 상상하는 능력까지 잃어버리게 될 것입니다.

지나가는 이야기 : 지혜로운 사람 by 톨스토이

지혜로운 사람은
필요한 모든 것이 자기 안에 있음을 알고
끊임없이 스스로를 향상시키려고 노력한다.
그래서 누구에게도 화낼 일이 없다.
반면 어리석은 사람은
남들이 자신에게 친절하기를 기대하고
그렇지 않으면 화를 낸다.

당신이 어리석은 사람인 이유는 불친절한 사람을 보면 화를 내도록 환경에 의해서 프로그램 되었기 때문입니다. 친절이 전혀 미덕이 아닌 조폭같은 사회에서 태어났다고 상상해 보십시오. 당신은 당신의 조폭 동료의 친절하지 않음에 화가 나지 않을 것입니다. 바로 이 사실을 있는 그대로 직시함으로써만이 당신은 그 어리석음에서 벗어날 수 있습니다. 그렇게 사실을 알고 나면 화가 나지 않는 당신을 발견할 수 있을 것입니다.

"The truth will set you free."
"진리를 알지니 진리가 너희를 자유케 하리라." (요한복음 8장 32절)

AI+로봇

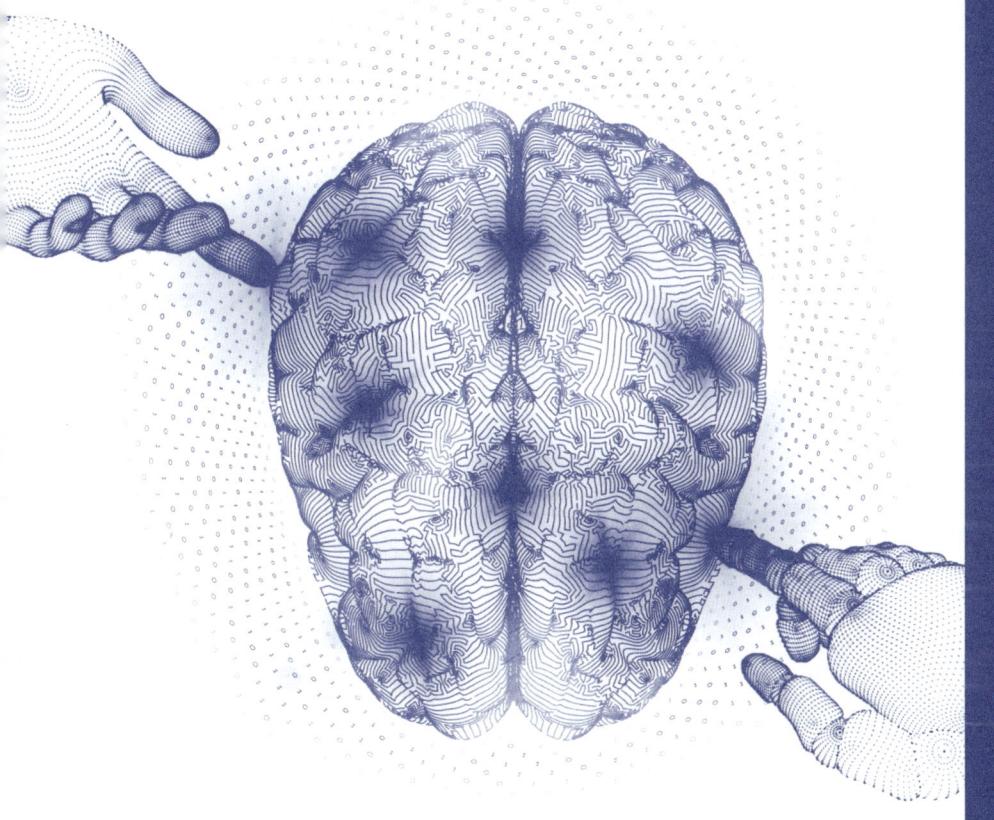

AI+로봇

AI는 로봇과 결합하여 결국 사람의 모든 일을 대신할 수 있게 될 것입니다. 인간만이 할 수 있는 일이 존재한다는 생각은 오만한 생각입니다. 인간(A)이 할 수 있는 일이라면 로봇(B)이 못 할 이유가 없기 때문입니다.

이 장에서는 AI+로봇이 사람의 일을 어떻게 대체하게 것인지에 대해 살펴보기로 합니다.

AI+로봇

체화된 AI^{Embodied AI}

지금까지 AI는 사람들이 수집해서 인터넷에 올려 놓은 데이터로만 학습할 수 있었습니다. 하지만 AI가 스스로 발전하기 위해서는 직접 물질 세계와의 상호작용을 하면서 데이터를 수집하는 것이 필요합니다. 이것을 체화된 AI^{Embodied AI}라고 부릅니다. 체화된 AI는 로봇에 탑재되는 인공지능을 의미합니다.

인공지능이 발달했다고 하지만, 로봇의 실기 능력은 인간의 것과는 비교하기가 민망할 정도로 초보적인 수준입니다. 현존하는 최고의 기술로도 식당에서 물이 든 종이컵 하나 서빙할 수 없습니다.

왜 그런 것일까요? 그것은 로봇이 저맥락 해석을 기반으로 하고 있는 존재라서 일상적인 행위에조차도 계산을 시도했기 때문입니다. 사람은 물이 든 종이컵을 집으려고 할 때, 손과 컵과의 거리가 정확히 얼마인지, 컵 표면 중 정확히 어디를 잡아야 하는지, 이를 위해 손가락 관절을 정확히 어느 정도 이동해야 하는지를 '의식적으로' 계산하지 않습니다. 과거에 했던 경험을 토대로 무의식적으로 일어납니다. 이것은 마치 한국에서 영어를 수십 년 공부하고도 외국인 앞에서 영어 한 마디 잘 못 하는 현상과도 비슷합니다. 이 역시 영어 공부를 문법과 논리로 시도했기 때문입니다. 영어를 유창하게 하는 사람들은 대화를 하면서 의식적으로 영작을 하지 않습니다. 종이컵을 어떻게 집을 수 있었는지 그 기작을 남에게 차근차근 설명해줄 수 없듯이 외국어를 잘 하는 사람도 어떻게 자기가 영어를 잘 하게 됐는지 차근차근 남에게 설명해 줄 수 없습니다.

따라서 로봇이 이런 일상적인 동작을 잘 하기 위해서는 저맥락 해석을 포기하고 오히려 동물의 고맥락 해석을 배울 필요가 있다는 결론에 이릅니다. 그 중에도 특히 성급한 일반화 능력이 필요합니다. 몇 번의 경험만 가지고도 그 방법을 수학적으로 엄밀하게 설명할 수는 없지만 어찌됐든 컵을 잡을 수 있게 되고 외국어를 잘 하게 되는 그 능력 말입니다. 물론 여전히 로봇이 잡을 수 없는 컵이 있을 수 있고 틀린 외국어를 구사할 수도 있습니다만, 그것은 그 때 또 학습하면 되는 일입니다.

로봇이 고맥락 해석을 배우는 법

로봇이 고맥락 해석을 배워야 한다는 말은 계산이 아닌 기억에 기대어 문제를 해결해야 한다는 의미로 볼 수 있습니다. 로봇이 실기지능을 획득하기 위해서는 실시간에 팔에게 내릴 제어 명령을 정확히 계산하기보다는 과거에 성공했던 경험에서 얻은 센서 데이터를 무조건 외우는 방향으로 해야 합니다.

이렇게 방대한 데이터를 외우는 일에는 신경망$^{Neural\ Network}$을 사용하는 것이 적합합니다. 신경망이란, 수많은 선형 함수, 비선형 함수들의 조합을 통해 어떤 데이터라도 근사할 수 있는 함수입니다. 파라미터가 많으면 많을수록 자유도가 높아서 더 복잡한 형태의 데이터도 근사할 수 있습니다.

최근 놀랄만한 성능을 보이고 있는 언어모델이 신경망으로 학습한 것입니다. 언어모델에 대해 잠깐 설명해 보자면, 원숭이에게 영어 사전과 룰렛을 주고 무작위적으로 단어 선택을 반복하게 한 결과를 가정해 봅시다. 이 결과가 베스트셀러 소설이 될 확률은 매우 작을 것입니다. 하지만 그렇다고 그 확률이 영^{zero}은 아닙니다. 이 사고 실험에서 우리는 단어를 나열해 만들 수 있는 수많은 문장 중에 말이 되는 것은 극히 일부라는 것을 알 수 있습니다. 만약 그 일부에 해당하는 것을 모조리 외우는 함수가 있다면 그 함수의 결과값은 마치 대화를 하는 것처럼 보일 수도 있고 소설을 쓰는 것처럼 보일 수도 있을 것입니다. 바로 이것이 거대언어모델$^{Large\ Language\ Model,\ LLM}$의 핵심입니다. GPT같은 거대언어모델을 학습시키기 위해서는 '인터넷에 있는 모든 문장들'이라고 할만큼 많은 데이터가 사용되고 그 내용을 저장하는 파라미터 수도 엄청납니다. 구글에서 발표한 GPT-4o 모델의 경우 파라미터의 개수가 ~200조에 달한다고 추정되고 있습니다.

사람들은 LLM의 성공을 보고 엄청나게 많은 데이터를 가지고 학습을 하면 실리콘 지능으로도 탄소 지능의 고맥락 해석을 흉내낼 수 있다는 점을 알았습니다. 이를 Embodied AI에 활용하면 고맥락 행동도 흉내낼 수 있을 것입니다. 즉, 거대행동모델$^{\text{Large Behavior Model}}$이 등장하면 로봇도 일상적인 동작을 잘 할 수 있을 것이라고 예상합니다. 즉, 컵을 잡는 작업을 성공했을 당시의 센서 데이터들을 파라미터를 통해 저장해 놓고 비슷한 상황이 되었을 때 다시 성공할 수 있도록 손 제어명령을 출력하는 것입니다. 인간의 뇌에 있는 시냅스 수는 수백 조 이상에 이른다고 하니 현재 사람이 로봇보다 일상적인 행위를 더 잘 할 법도 합니다.

미국의 보스턴 다이나믹스, 테슬라, 한국의 LG전자와 같은 회사들은 인간 수준의 조작이 가능한 로봇을 만들기 위해 지금도 연구 개발에 매진하고 있습니다. 로봇이 사람만큼의 육체적인 재능을 가질 수 있다면 과거 그리스 시대처럼 노예가 하던 일을 모두 로봇에게 시키고 인간들은 자유시민으로 귀찮은 일 안 하면서 살게 될 것입니다. 그것은 인간형 로봇(휴머노이드)를 만드는 로봇공학자들이 꿈꾸는 유토피아입니다. 아직 일반적인 행동을 할 수 있는 단계는 아닙니다만 머지 않아 그렇게 될 것이라고 예상합니다.

거대 신경망을 활용하여 상용화된 첫 Internet AI는 챗봇이었습니다. 거대 신경망을 활용해 상용화되는 첫 Embodied AI는 자율주행차가 될 것으로 보입니다. 최근 발표한 FSD$^{\text{Full Self-Driving}}$ v13은 놀라운 성능으로 완전자율주행에 근접했다는 호평을 받고 있습니다. 테슬라는

'Cortex'라는 슈퍼컴퓨터 클러스터*를 구축하여 전세계에 다니는 차량으로부터 수집한 데이터로 학습하면서 발전을 거듭하고 있습니다.

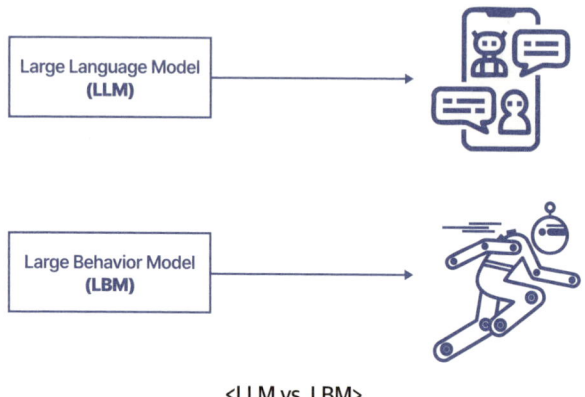

<LLM vs. LBM>

실기지능에 필요한 것 – 촉각

필자는 AI를 필기지능(Internet AI)과 실기지능 (Embodied AI 또는 Physical AI)으로 나눕니다.

'필기지능'은 그 지능의 수준을 필기시험으로 측정할 수 있는 것을 말합니다. 챗봇^{ChatBot}이 사람과 대화하는 것이 대표적인 예입니다. 그 외에도 바둑을 둔다든가, 이미지를 보고 물체를 인식한다거나, 소리를 듣고 상황을 파악하는 것도 필기지능에 해당합니다.

이에 반해, '실기지능'은 실기시험을 봐야만 그 능력을 측정할 수 있

---

*   약 50,000개의 GPU를 활용하고 있다고 합니다.

는 것입니다. 달리기를 한다든가, 악기를 연주한다든가, 수영을 한다든가 하는 것이죠. 그림 그리기도 로봇이 디지털 도메인에서 픽셀 정보를 직접 계산해서 그렸다면 필기지능이지만 붓에 물감을 묻혀서 그려야 한다면 실기지능에 해당합니다. 노래 부르기도 실기지능에 해당합니다. 로봇 팔과 달리 스피커는 이미 고도로 발달된 기계라서 로봇이 오동작하지 않고 악보에 따라 음정과 박자를 정확히 맞추어 부를 것이라고 예상되지만, '노래를 잘 한다'는 것이 단순히 정확한 음정과 박자만을 의미하지 않기 때문입니다. 우리는 실제로 들어보기 전에는 로봇의 노래 실력을 알 수 없습니다.

사람의 오감(시각, 청각, 후각, 미각, 촉각) 중 실기지능을 사람 수준으로 끌어올리기 위해 가장 필요한 것은 촉각입니다. 시각, 청각은 각각 광자와 공기의 진동이라는 물리량의 측정이고, 후각, 미각도 각각 공기나 액체에 포함된 특정 성분을 감지하는 것이라고 그 대상이 명확합니다만, 촉각의 경우는 그렇지 않습니다. 촉각은 비단 물리적인 접촉 뿐만 아니라 압력, 통증, 온도 등에 대한 감지를 모두 포함하는 복잡한 개념이기 때문입니다. 촉각에 대한 로봇 기술 발전이 필요한 이유는, 사람들이 로봇으로부터 기대하는 서비스가 식당에서 음식 서빙을 한다든가, 테이블을 치운다든가, 집안에서 설거지를 해 준다든가, 방을 정리해 준다든가, 공장에서 제품을 조립해 준다든가 하는 일들인데, 이들은 모두 '물체를 집어 옮기는 일 Pick & Place'을 포함하고 있기 때문입니다. 물체는 다양한 형태와 재질을 가지고 있기 때문에 이를 사람처럼 능숙하게 다루기 위해서는 실시간으로 물체의 상태를 알아내야 합니다. 촉각 센서가 없는 로봇은 계란을 집다가 깨뜨리거나, 충분히 깨끗하게 걸레질을 하지 못하거나, 바닥에 떨어진 옷을 집는데 실패할 수 있을 것입니다. 후각이나 미각도 로봇이 아직 가지고 있지는 않지만 이런 이유로 촉각에 비해서는 상대적으로 덜 중요합니다.

인간이 오감으로부터 받아들인 자극을 어떻게 전기신호로 변환하는 것인가는 또 다른 연구 주제입니다. 시각이나 청각의 경우는 로봇이 이미 인간의 감각 기관을 뛰어넘는 고성능의 카메라와 마이크를 가지고 있기 때문에 그 메커니즘은 궁금하지 않을 수 있겠지만, 촉각의 경우는 그렇지 않습니다.

촉각 수용체를 발견한 두 과학자 데이비드 줄리어스 (미국 샌프란시스코 캘리포니아대 생리학과 교수)와 아뎀 파타푸티언 (미국 스크립스 연구소 신경과학과 교수)는 노벨 생리의학상 수상했는데, 놀랍게도 이것은 매우 최근(2021년)에 일어난 일입니다. 참고로, 빛(시각)을 감지하는 망막의 로돕신 분자, 냄새(후각)를 감지하는 후각상피의 후각수용체 분자에 관한 연구 결과도 노벨생리의학상을 수상한 바 있다고 합니다. (각각 1967년, 2004년)*

로봇이 반드시 생물이 하고 있는 동작 메커니즘을 따라할 필요는 없지만 실기지능 쪽은 생물에 비해 크게 뒤떨어져 있기 때문에 생물의 동작 메커니즘을 이해하고 로봇에 적용하려는 시도는 일리가 있습니다. 이러한 분야는 생체모방로봇 Biomimetics 이라고 합니다.

---

* https://m.dongascience.com/news.php?idx=49664

AI+로봇과 신 神

필기지능의 끝에는 전지 全知가 있고, 실기지능의 끝에는 전능 全能이 있습니다. 사람들은 궁극의 필기지능과 실기지능을 가지고 있는 상상의 개체를 신 神이라고 부릅니다. 흥미로운 점은 사람이 ASI와 신은 구별할 수 없지만, 로봇과 신은 구별할 수 있다는 것입니다. 사람은 자신의 능력이 떨어지더라도 로봇에게 어려운 업무를 시켜보고 그 로봇이 전능하지 않다는 사실을 알 수 있기 때문입니다.

자동화 Automation와 로봇

자동화 Automation와 로봇 Robot을 구별하는 기준은 명확하지 않습니다만, 일반적으로 단순한 작업을 반복한다면 자동화, 여러 개의 작업을 할 수 있는 유연성 Flexibility이 있다면 로봇이라고 부릅니다. 일상 생활에서 쉽게 접할 수 있는 자동화 장비의 예는 음료수 자동판매기를 들 수 있습니다. 요새는 제조 공장에서도 단순 작업을 반복하는 것이 아닌 상황에 따라 다른 작업을 하는 필요성이 생기고 있기 때문에 로봇을 활용하는 것이 경제적으로 합리적인 선택이 되어 가고 있습니다. 이렇게 로봇을 활용하여 생산성을 높이는 공장을 스마트 팩토리 Smart Factory라고 부릅니다. 하나의 하드웨어 HW를 만들어 놓고 여러 개의 작업을 처리할 수 있도록 변경할 수 있어야 하기 때문에 로봇의 발전은 필연적으로 AI의 발전과 궤를 같이 합니다. AI는 로봇의 두뇌에 해당하기 때문입니다.

고정형 로봇 vs. 이동형 로봇

로봇은 한 자리에 정지해 있느냐, 이동할 수 있느냐에 따라 고정형과 이동형으로 나눌 수 있습니다. 생물에 비유하자면, 고정형 로봇은 식물이고 이동형 로봇은 동물입니다. 이동능력을 가진 개체는 그렇지 않은 개체에 비해 신경 써야 할 것들이 훨씬 많을 수밖에 없습니다. 개체가 이동하는 일 자체에도 많은 에너지가 필요할 뿐만 아니라, 이동하면서 시시각각 변하는 주변 환경을 빠르게 감지하고 이에 적절한 대응을 할 수 있어야 하기 때문입니다. 식물은 지능이라고 부를 만한 것이 없을 정도로 동물이 가진 지능과 현격한 차이를 보이는데, 여기에는 이동능력의 유무가 진화 과정에서 크게 작용했기 때문일 것이라고 봅니다.

비슷한 이유로, 이동형 로봇은 고정형 로봇에 비해 훨씬 더 만들기 어렵습니다. 로봇이 고정되어 있다면 주변에 펜스를 쳐서 아무도 못 들어가게 한 다음 주어진 작업만 하면 되니까 문제가 단순해지지만, 로봇이 이동할 수 있다면 우리가 전혀 예상하지 못한 장애물에 부딪힐 수도 있기 때문에 문제가 복잡해지기 때문입니다. 오히려 로봇들만 있는 환경이라면 이동형 로봇이라도 문제가 좀 더 쉬워집니다. 움직이는 모든 개체는 100% 컨트롤 가능하다는 조건이 있으니 불확실성이 없어지기 때문입니다.

현재 사람들이 이동형 로봇에 기대하는 바는, 같은 공간에서 로봇과 사람이 협업하는 모습입니다. 이렇게 제조 공장에서 로봇 주변에 펜스를 치지 않아도 안전 상 문제가 없는 로봇을 협동로봇[Cobot]이라고 합니다. 협동로봇은 실시간으로 장애물을 인식해서 회피하거나 혹시

장애물과 접촉이 생기더라도 사람이 다치지 않도록 빠르게 동작을 정지할 수 있어야 합니다. 이것은 로봇이 온전히 혼자서 일할 수 있을 정도로 똑똑하지 않아서 인간 작업자의 도움이 필요하기 때문에 불가피하게 일어나는 현상이라고 할 수 있습니다.

국제로봇협회IFR : International Federation of Robot는 로봇을 크게 제조업용 로봇Industrial Robot 과 서비스 로봇Service Robot 으로 분류하고 있습니다. 제조업 로봇은 제조업 분야에서 생산 자동화를 위한 로봇이고, 서비스 로봇은 그 이외의 로봇, 즉 가정이나 특정한 전문 영역에서 서비스를 제공하는 로봇을 의미합니다. 제조업 로봇이 위에서 말한 고정형에 해당하고, 서비스 로봇이 이동형에 해당한다고 보면 됩니다. 고정형 로봇은 이미 용접, 페인트질, 자동차 조립 등 각종 산업계에서 활발히 쓰이고 있었습니다만, 이동형 로봇은 로봇청소기를 제외하면 시장이 미미한 수준이었습니다. 이동형 로봇 시장이 없었던 이유는 필요한 기술이 상용화 수준으로 충분히 발전하지 못한 것도 있었고, 기술이 있다하더라도 로봇 가격 측면에서 매력적이지 않았던 것도 있었습니다. 하지만 최근에 와서 로봇 가격이 인건비와 비견할 수 있을 정도로 떨어지면서 상업용 로봇 시장이 본격적으로 열리고 있습니다. 특히 식당에서 쓰이는 배송로봇은 연 평균 8.2%의 고성장세를 기록하고 있습니다.* 이 현상은 인건비 증가에 따른 일손 감소현상과 맞물려 물류센터, 실외배송, 빌딩경비 등의 시장으로 빠르게 확산될 것이라고 예상됩니다.

---

* https://www.mkhealth.co.kr/news/articleView.html?idxno=67150

아래는 서비스 로봇을 활용분야에 따라 더 자세히 분류한 표입니다.* 이 중 "극한 직업 로봇" 칸에 나열된 일들이 흔히 사람들에게 로봇이 필요한 영역이라고 인식됩니다. 이 일들은 사람이 하기에 위험하기 때문에 로봇이 대체한다는 것에 대한 거부감이 적고 로봇 가격에도 덜 민감합니다. 이제는 모든 차량과 핸드폰에 탑재되어 있는 GPS 기술이 원래는 군사적인 목적으로 개발되었다는 사실을 아는 독자도 많을 것입니다. 로봇 분야도 마찬가지로 "극한 직업 로봇" 기술이 먼저 발달하고 그 결과물들이 상용화 단계를 거쳐 최종적으로 개인용 로봇에까지 전달될 것이라고 예상합니다.

중분류	소분류		종류
서비스 로봇	개인용 로봇		• 가사 지원(청소, 정리정돈, 경비, 심부름 등) • 노인 지원(보행보조, 생활지원 등) • 재활 지원(간병, 장애자 보조, 재활훈련 등) • 작업 지원(근력 강화기) • 여가 지원(오락, 테마파크, 게임, 헬스케어 등) • 교육(가정교사, 교육 기자재용) 이동지원(개인이동 시스템, 탑승형 로봇)
	전문 로봇	공공 서비스 로봇	• 공공 서비스(안내, 도우미, 도서관 등) • 빌딩 서비스(경비, 배달, 청소) • 사회안전(경비)
		극한 직업 로봇	• 사회 인프라(활선, 관로, 고소 작업용) • 재난극복(화재진압, 인명구조) • 군사(지뢰제거, 경계, 전투, 로봇 갑옷 등) 해양(탐사, 자원 개발 지원)
		극한 직업 로봇	• 건설(건설 지원, 건설 유지보수, 해체 지원) • 농림, 축산(농약 살포, 과실 수확 지원) 의료(수술, 간호, 진료, 치료, 교육)
제조업용 로봇			• 자동차 제조(핸들링, 용접) • 전자제품 제조(도장, 조립, 핸들링 등) • 디스플레이/반도체 제조 조선(용접, 블라스팅, 도장)

* https://blog.naver.com/cni1577/221487981092

휴머노이드는 로봇의 종착지인가?

로봇 중에도 겉모습이 사람의 형상을 닮은 것을 휴머노이드^{Humanoid}라고 합니다. 이동형 로봇은 결국 휴머노이드가 되어야 할 지, 특히 로봇이 사람처럼 두 발로 서야 할 지에 대해서는 많은 논의가 있어왔습니다. 로봇은 휴머노이드가 되어야 한다는 주장을 뒷받침하는 근거는 단순하지만 강력합니다. 로봇이 사람을 대체하므로 당연히 사람의 형상을 하는 것이 최선이라는 것입니다. 사람의 육체는 오랜 시간 동안 지구 환경에 정교하게 적응한 진화의 산물이기도 하고, 사람들이 만든 인프라는 당연히 사람의 몸에 맞도록 설계되어 있습니다.

휴머노이드는 최근에 비약적인 발전을 이루며 상용화를 향해 나아가고 있습니다. 테슬라社가 옵티머스 젠 2 영상을 공개하여 사람들을 놀라게 한 이후, Figure AI社의 Figure 01, Agility Robotics社의 Digit 등 주로 미국 로봇 회사들이 내놓는 휴머노이드들이 업계를 선도하고 있습니다. 이들이 휴머노이드를 가장 먼저 활용하려는 분야는 자동차 조립 공정 및 물류 창고 업무라고 합니다. 그 외에는 중국 정부의 적극적인 지원을 받는 중국 회사들의 성과가 놀랍습니다. 대표적인 회사로는 유니트리로보틱스^{Unitree Robotics}와 중칭로봇^{EngineAI}가 있습니다.

휴머노이드를 접했을 때 인간과 너무 흡사해서 무섭다는 느낌이 드는 부정적인 심리 상태를 '불쾌한 골짜기^{Uncanny Valley}'라고 합니다. 이것이 "골짜기"인 이유는, 이보다 더 인간과 똑같으면 구별이 불가능해지니 불쾌감이 사라지기 때문입니다. 휴머노이드를 엔터테인먼트 분야에 활용하려는 회사들은 이렇게 인간과 구별이 안 될 정도의 로봇 제작을 목표로 합니다. 아래는 2024년 중국 베이징에서 열린 세계 로봇 컨퍼런스에서 공개된 휴머노이드 로봇의 사진입니다.

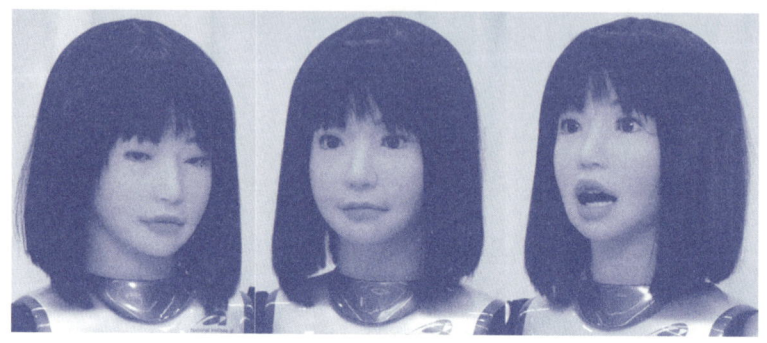

<휴머노이드@세계 로봇 컨퍼런스 '24>

인간의 형상이 육지에서 일반적인 작업을 하기에 최적에 가깝다는 말은 맞을 것입니다. 생물은 다음 세대에 유전자 정보를 넘겨주는 방식으로 번식하니까 자손이 부모와 같은 형상을 하고 있어야 하기 때문입니다. 하나의 형상으로 많은 일을 하기 위해서는 최대한 일반적인 형태를 지향할 수밖에 없습니다. 하지만 생물체인 인간과 달리 로봇에게는 그러한 조건이 없습니다. 자손 로봇(새 버전)은 부모 로봇(기존 버전)과 전혀 다른 형상으로 만들어질 수 있습니다. 로봇은 용도에 맞게 형상을 바꾸어 만들 수 있는데 굳이 하나의 형상을 고집할 필요가 있을까요?

자율주행차도 로봇의 일종이라고 할 수 있습니다. 그렇다면 차는 지금처럼 인간이 운전할 수 있게 만들고 운전수 로봇을 만들어 그 차를 운전하도록 만드는 것이 효율적일까요, 로봇을 차 형태로 만들어 자율주행하도록 만드는 것이 효율적일까요? 우리는 후자가 더 효율적이라는 것은 금방 알 수 있습니다. 공장에서 일하는 로봇이 평지만 다니는 것이 확실하다면 우리는 로봇에 바퀴를 다는 것이 더 효율적이라는 것도 금방 알 수 있습니다.

휴머노이드 논의에서 한 가지 더 주목할 점은, 인간의 진화가 현재 진행형이라는 것입니다. 바퀴는 인류 역사 상 최고의 발명품 중 하나로 꼽힙니다. 그런데 기원 전 3500년 전 쯤 수메르인들이 처음 바퀴를 쓰기 시작했다고 하니 인간이 바퀴를 사용한 지는 만 년도 되지 않습니다. 그렇다면 인간이 앞으로 바퀴를 쓰도록 진화하는 것이 맞지 로봇이 지금까지 잘 쓰던 바퀴를 버리고 거꾸로 이족보행을 하는 것이 맞을까 하는 의문이 듭니다. 우리는 생명체가 진화하면서 하나의 형질에 머물러 있거나 퇴보한 적이 없다는 사실을 알고 있습니다.

이 문제에 대한 절충안은 바퀴 달린 다리$^{legged\ wheel}$입니다. ETH Zurich, Boston Dynamics, LG전자의 로봇 개발자들은 관절이 있는 다리에 바퀴를 달아 계단을 오르고 험난한 지형을 극복해 보려고 하고 있습니다. 다음은 그들이 공개한 로봇의 형상들인데, 바퀴가 가진 효율성과 다리가 가진 험지 극복 능력을 동시에 이용하려고 한다는 점을 알 수 있습니다. 물론 다리 끝에 바퀴가 있으면 발이 있을 때보다 안정적인 제어가 힘든 것은 사실입니다만, 이는 소프트웨어로 극복할 일이라고 봅니다.

<ETH Zurich의 Ascento>

<Boston Dynamics의 Handle>

<LG전자의 AI Companion>

On-device AI vs. Cloud Robotics

로봇은 자유로운 형태를 가질 수 있을 뿐만 아니라 두뇌에 해당하는 AI가 로봇 안에 탑재되지 않아도 된다는 장점이 있습니다. 우리가 AI라고 부르는 것의 실체는 결국 숫자 계산이므로 굳이 이것을 로봇 안에서 수행할 필요가 없습니다. 때에 따라서는 오히려 로봇 밖에 있는 성능 좋은 컴퓨터로 빨리 계산한 다음, 그 결과물만 로봇에게 전달하는 편이 유리할 수도 있습니다. 챗봇에서 쓰이는 거대언어모델이 대표적인 예입니다. 로봇 안에서 이런 거대언어모델을 실행하기에는 자원이 부족하니, 사용자로부터 받은 질문을 클라우드로 보내고 서버에서 언어모델을 실행한 결과만 받아 사용자에게 전달하는 것입니다. 이 때 로봇과 대화하고 있는 사람은 계산을 로봇 안에서 했는지 밖에서 했는지 구별할 수 없을 것입니다. 이렇게 로봇을 클라우드와 무선으로 연결하여 로봇의 역량을 확장해 보려는 분야를 클라우드 로보틱스$^{Cloud\ Robotics}$라고 합니다.

클라우드 로보틱스의 장점은 앞서 설명한 원격 두뇌$^{Remote\ Brain}$ 외에 집단지성적 행동$^{Collective\ Intelligent\ Behavior}$을 들 수 있습니다. 2대 이상의 로봇들이 서로 연결되어 있다면 그들이 공통의 목적을 위해 협력할 수 있기 때문입니다. 가끔 로봇을 주제로 한 SF 영화에서 등장하는 로봇들이 하나의 슈퍼인텔리전스$^{Super\ Intelligence}$ 개체로부터 명령을 받아 일사분란하게 움직이는 것이 그 예입니다. 신호처리 입장에서 봤을 때, 이렇게 로봇을 주변환경으로부터 데이터를 수집하고 서버에서 계산한 결과물만 환경에 다시 제공하는 용도로 사용하는 것은 합리적인 선택이라고 할 수 있습니다. 로봇이 자기에게 주어진 정보만을 기반으로 스스로 판단하여 행동한다면 본의 아니게 로봇끼리 경쟁하는 상황이 생길 수 있기 때문입니다. 이런 상태는 그들이 가진 공통의 목적을 달성하기 위해 최선의 상태라고 할 수 없습니다.

사실 사람도 자신이 하기 힘든 복잡한 계산을 계산기로 대신 처리하기도 합니다. 사람의 뇌와 계산기의 연산장치가 전자기적으로 연결되어 데이터를 주고 받는 것이 아니고, 사람이 손으로 버튼을 눌러 숫자를 입력하고 계산기가 출력하는 결과를 눈으로 확인한다는 차이가 있을 뿐입니다. 이러한 데이터 전달 방식은 직접 무선통신으로 연결되는 것에 비해 훨씬 제한적이고 속도도 느리며 도중에 오류가 발생할 가능성도 클 것입니다.

이렇게 클라우드 로보틱스는 로봇과 클라우드 사이에 매우 안정적이고 빠른 무선통신이 가능함을 전제로 하고 있습니다. 만약 어떤 이유로든 이 전제가 깨지는 상황이라면 로봇 안에 탑재된 두뇌로 직접 계산하는 편이 합리적일 것인데, 이것을 온디바이스 AI^{On-device AI}라고 합니다. 앞서 예를 든 챗봇의 경우를 다시 보면, 로봇이 사용자로부터 받은 질문을 서버로 전송하고 다시 답변을 받기까지 시간이 너무 오래 걸린다는 문제가 있습니다. 간단한 인사에 답변하기 위해서도 수 초 씩 시간이 필요하다면 사용자는 어색함을 느낄 것입니다. 이것은 일상생활을 도와주는 로봇집사를 상용화하고자 하는 회사에게 주어진 숙제라고 할 수 있습니다. 언어모델의 일부를 로봇 안에 구현하든지 해서 짧은 질문에는 바로 대답해 줄 수 있어야 합니다. 군사적으로 보자면, 의도적으로 통신을 마비시키는 EMP^{Electromagnetic Pulse} 무기가 사용된 상황도 생각해 볼 수 있습니다. 만약 자율주행 전투기의 모든 두뇌를 클라우드 로보틱스로 구현했다면 통신이 끊기는 상황에서 추락하기 쉬울 것입니다.

클라우드 로보틱스의 개념은 '로봇의 개체가 무엇인가'를 생각하게 합니다. 무선통신으로 모든 로봇들의 두뇌가 유기적으로 연결되어 있다면 그 로봇들은 여전히 여러 개의 개체일까요, 아니면 하나의 개체일까요? 이것은 마치 장미 덩굴을 하나의 개체로 볼 것인가의 문제와 비슷합니다. 아래 사진에서 장미꽃은 이동형 로봇들에 해당하고 줄기는 그들을 연결하는 무선통신 인프라에 비유된다고 할 수 있습니다. 클라우드 로보틱스의 등장은 이동형 로봇들의 개념을 식물에까지 확장할 수 있게 해 주었습니다.

<클라우드 로보틱스를 연상케 하는 장미 덩굴>*

* https://cdn.pixabay.com/photo/2018/05/24/04/36/rose-3425842_1280.jpg

로봇 앞에 선 인간

로봇이 대체할 일

> "고통과 무료함은 한 쪽이 멀어질수록 다른 쪽이 다가온다." - 쇼펜하우어

철학자 쇼펜하우어는 인간의 인생이 고통과 권태 사이를 오가는 시계 추와 같다고 통찰했습니다. 특별한 욕구가 있지만 이를 충족하지 못한 상태는 고통이며, 그 욕구가 채워지면 행복해지는 것이 아니고 어김없이 권태가 찾아온다는 것입니다. 사실 권태는 또 다른 형태의 정신적 고통이라고 볼 수도 있습니다. 즉, 우리가 행복하기 위해서는 쾌락을 찾는 것이 아니라 고통의 원인을 찾아 없애는 것이 현명한 자세입니다. 행복의 기준이 성공, 부, 성취, 출세가 아닌, 정신적으로나 육체적으로 겪는 고통의 정도이기 때문입니다.

인간은 자신이 권태를 느끼는 일을 로봇이 대신해 주길 희망합니다. 사람들이 로봇의 활용처를 얘기할 때 가사와 같은 단순 육체 노동을 가장 먼저 떠올리는 이유입니다. 그렇다면 단순 노동이 아닌 블루 컬러 직종처럼 숙련 기간이 필요한 기술은 어떨까요? 사실 이것도 권태가 찾아오기 까지의 시간이 다르다는 차이가 있을 뿐 본질적으로는 가사와 다르지 않습니다. 인간은 새로운 기술을 익히면서 재미를 느낄 수 있겠지만, 높은 수준에 이르러 같은 일을 반복하다 보면 이 역시 권태를 느끼게 될 것입니다. 수천 번의 집도를 한 의사가 이제 수술 일을 그만하고 싶다는 느낌이 드는 것은 놀라운 일이 아닙니다. 화이트컬러 사무직도 똑같은 행정 일을 반복하다보면 마찬가지로 권태를 느낄 것입니다.

만약 자신이 어떤 일을 '열심히 하고 있다'는 느낌이 든다면 그것은 위에서 말한 권태로운 일을 하고 있을 확률이 큽니다. 인간의 뇌는 반복 루프^{iteration}를 돌리고 있을 때 '열심히 한다'는 느낌을 받는다고 보기 때문입니다. 물론 인간이 이러한 권태를 참고 노동을 한 후 결과물을 보고 성취감을 느낄 수는 있습니다. 노동으로 인해 얻은 보상이 크다면 그 성취감은 더욱 클 것입니다. 하지만 그렇다고 인간의 근본적인 문제인 권태가 사라지는 것은 아닙니다.

눈치챈 독자도 있겠지만, 그것이 단순한 노동이든 높은 수준의 기술이든 반복 작업은 인간보다 로봇이 훨씬 더 잘 하는 일입니다. 로봇이 같은 일을 인간보다 더 빨리, 더 적은 자원을 이용해서 하게 되면 인간이 느꼈던 성취감은 오히려 허무함으로 바뀌기 쉬울 것입니다. 그 상태에 이르게 되면 인간은 그 일을 지속할 만한 동기를 더 이상 찾기 힘들 것입니다.

즉, 로봇이 어떤 일을 대체할 시점이란, 인간이 그 일에 권태를 느끼면서 그에 대한 적절한 보상마저 받지 못하게 되는 때입니다. 인간은 무슨 일을 하든 결국 권태를 느낄 수밖에 없기 때문에 궁극적으로는 로봇이 인간의 모든 일을 대체하게 될 것입니다. 이를 위해서는 로봇 기술도 발전해야 하지만 사회적으로도 그 일에 로봇을 사용하는 것이 합리적이라는 공감대가 형성되어야 할 것입니다.

인간이 권태를 느끼지 않는 유일한 일은 스스로 자신의 세계 안에서 진보하는 일입니다. 이를 두고 쇼펜하우어는 "우리는 끊임없이 자신과 세계를 탐구하며 자신 스스로를 알아가야 한다"고 표현했습니다.* 이러한 진보의 과정은 자신의 세계를 뛰어 넘는 과정을 포함하게 되는데, 이 때 인간은 단순히 '일을 열심히 한다'는 느낌이 아닌 '새로움을 발견한다', '성장한다'는 느낌을 받게 됩니다. 로봇 시대에 인간이 허무함을 극복하고 행복한 삶을 영위하기 위해 주목해야 할 지점이라고 할 수 있겠습니다. 물론 자유의지를 가진 로봇이 출현한다면 창의적인 일까지 할 수 있을 것이지만, 적어도 그 때의 인간은 로봇의 능력과 비교하지 않고 스스로 성장하면서 권태를 느끼지 않을 것입니다.

필자는 로봇이 대체할 일들을 다음 다섯 가지로 구분해 보았습니다.

1. 단순한 육체 노동 예) 가사도우미

---

* https://gngsn.tistory.com/274

2. 인간이 하기 위험한 일 예) 군인, 탐험가
3. 사회가 면허를 부여하여 기술 보유자의 수준을 보장하는 일 예) 운전사, 의료, 법조인
4. 사람들의 인기나 신임이 필요한 일 예) 종교인, 정치인, 연예인
5. 창의성이 필요한 일 예) 사업가, 과학자

일에 대한 사람들의 인식에 초점을 두고 나누어 본 분류입니다. 1, 2번은 로봇이 대체해 주길 희망하는 일, 3번은 종사자들의 저항이 예상되지만 결국 대체될 일, 4번은 대체하기 위해 기술 뿐만 아니라 사람들의 인식 변화가 필요한 일, 5번은 인간에게 최후의 보루로 남아 가장 마지막에 로봇이 대체할 것으로 예상하는 일입니다.

제조, 물류 혁신

"The next wave of AI will be physical."
— *Jensen Hwang at Computex* 2024
"다음 물결은 실제 세계에 대해 학습하는 AI"
— 젠슨 황 엔비디아 *CEO*

로봇이 대신해 주길 바라는 일은 대표적으로 가사, 농업, 소방, 탐사, 전투, 건설 등을 들 수 있습니다. 사람들은 로봇이 인간을 대신해서 아침에 커피를 타 주거나, 농작물을 수확해 주거나, 화재 현장에서 불을

꺼 주거나, 전쟁에서 대신 싸워 주길 바랍니다. 그럼에도 불구하고 이런 영역에서 로봇이 사람들의 기대에 부응하지 못했던 이유는 로봇의 실기 지능이 그만큼 발전하지 못했기 때문입니다. 사람들은 기계를 이용해서 효율을 높이기도 했지만 그것은 지능을 논할 수 있는 로봇이라기보다는 단순 작업을 반복하는 자동화 기기였습니다. 그러다가 최근 거대 언어모델을 기반으로 하는 필기 지능이 사람들을 놀랍게 할 정도로 발달하면서 사람들에게 로봇의 실기 지능도 인간의 수준에 이를 수 있지 않을까 하는 기대가 생기게 되었습니다. 사람들은 자신이 잘 하지 못하는 일을 인공지능이 해 내는 것을 보고 자신이 잘 하는 일은 당연히 로봇이 잘 할 수 있을 것이라고 기대하는 것입니다.

사람들이 로봇으로부터 가장 기대하고 있는 영역의 일들을 사실 로봇이 가장 못 하고 있다는 점은 안타까운 일입니다만, 이것이 실현 불가능한 목표가 아닌 것도 확실합니다. 위에 소개된 일들은 사람들이 로봇에게 일자리를 빼앗긴다는 심리적 저항이 적기 때문에 기술 발전이 이루어지기만 하면 빠른 속도로 시장이 형성될 것입니다.

로봇의 실기지능이 상용화 수준에 이른 영역이 하나 있습니다. 그것은 바로 실내 자율 주행 기술입니다. 바퀴를 단 자율 주행 로봇은 실내의 특정 지점들을 반복적으로 이동하면서 물건을 옮길 수 있고 이것만으로도 많은 일을 할 수 있다는 것이 입증되고 있습니다. 자율 주행에 필요한 기술은

1. 새로운 공간을 보고 지도를 제작하는 기술
2. 그 지도 위에서 자신의 위치를 파악하는 기술

3. 특정 목적지까지 경로를 계획하는 기술
4. 경로를 따라 이동하는 도중에 지도에 없던 장애물을 만나면 회피 경로를 만드는 기술

등 입니다. 이런 기술들이 상용화 수준에 이르니 실내배송로봇들은 식당에서 음식을 테이블까지 운반하기도 하고, 호텔에서 물품을 객실까지 배달하기도 하고, 병원에서 검체를 옮기기도 합니다. 실내배송로봇 시장은 매년 높은 성장세를 보이며 확대되고 있습니다.

특히 제조, 물류 분야는 많은 로봇 회사들이 가까운 미래에 크게 형성될 시장으로 점 찍어 준비하고 있는 분야입니다. 공장이나 물류센터는 환경이 통제되어 있고 공간이 정규화 되어 있기 때문에 로봇을 운영할 때 고려해야 할 불확실성이 많이 제거되어 있습니다. 이런 환경에서는 예기치 못할 돌발 사태가 일어날 가능성이 낮기 때문에 로봇이 필요한 기술 수준이 상대적으로 낮고 많은 로봇들도 투입할 수 있습니다. 현재 실내배송로봇들은 팔을 가지고 있지 않기 때문에 현장에서 인간 작업자와 협업해야 합니다. 그러니 로봇에 팔과 손을 달아 직접 물건을 집을 수 있도록 하는 것은 자연스러운 수순일 것입니다. 미국 로봇 개발 회사인 테슬라社나 애질리티社는 휴머노이드를 대량 생산하여 이 업무에 투입하려고 하고 있습니다. 만약 성공한다면 24시간 무인으로 운영되며 높은 생산성을 보여주는 제조 공장이나 물류센터가 탄생할 수 있을 것입니다.

면허로 보호되는 기술 로봇

운전, 의료, 건설 등 일부 직종에서는 사회가 정한 테스트를 통과한 사람들에게만 면허를 부여하여 독점적인 권리를 줍니다. 그 이유는 그 일에 충분히 숙련되지 못한 사람들이 잘못했을 경우 돌이킬 수 없는 인명 사고로 이어질 수 있기 때문입니다. 위 구분 중 3번에 해당하는 일들입니다. 1, 2번에 해당하는 일은 로봇이 사람보다 특별히 더 잘 할 필요는 없고 단지 비용적인 측면에서 사람이 하는 것에 비해 합리적인 수준이면 됩니다만, 3번에 해당하는 일을 로봇이 대체하기 위해서는 '그 일을 사람이 계속 하는 것은 어리석은 선택'이라는 사회적 합의가 이루어질 정도로 로봇의 능력이 월등히 뛰어나야만 합니다. 그 정도 수준이 아니라면 사람들은 끊임없이 로봇의 능력을 의심할 것입니다. 자율주행 사고 이후 미국 테슬라社는 자사의 자율주행 기능이 인간 운전자에 비해 얼마나 사고를 줄였는지에 대한 데이터를 공개했지만 그것으로 사람들의 의구심을 종식시킬 수는 없었습니다. 그것이 인간 운전자에 비해 월등한 수준이 아니었기 때문입니다. 또 이런 직종은 면허가 가진 독점적 권리로 인해 기득권이 형성되어 있는 경우가 많으니까 로봇에게 일자리를 빼앗긴다는 저항도 있을 것입니다.

그러므로 이 모든 우려를 해소할 수 있을 정도로 기술 수준이 압도적이어야 합니다. 마치 바둑에서 알파고가 인간 대표를 격파한 것처럼 세상에서 가장 그 일을 잘 한다는 사람에 비해 월등한 격차를 보여주는 것입니다. 운전을 예로 든다면, 자율주행차가 포뮬러 원(Formula 1, 카레이싱 대회) 세계 1위 레이서를 현격한 차이로 이기는 것입니다. 수술로봇이라면, 환자에게 중요한 수술을 두고 선택권이 주어졌을 때 주저없이 로봇을 선택할 수 있을 정도가 되는 것입니다. 이것은 로봇의 실기 지능이 완벽하여 사고를 100% 막을 수 있다는 말이 아닙니다. 로봇도 완벽하지 않기 때문에 사고를 낼 것인데 그것이 사람에 비해 어느 정도 용인할 수 있을 것인가 하는 문제입니다. 그러한 정도는 결국 사회적인 합의에 의해 판단될 것입니다.

자율주행의 예에서 이 점을 잘 표현한 그래프가 있어서 소개합니다.* 아래 그래프에서 가로축은 차가 불필요하게 속도를 줄이는 정도이고, 세로축은 자동차 사고를 방지하는 정도입니다. 과도할 정도로 불필요하게 속도를 줄이면 사고는 나지 않겠지만 목적지까지 가는데 오랜 시간이 걸릴 것이고, 반대로 운전자가 방어적으로 속도를 줄이지 않으면 목적지에는 빨리 갈 수 있을 수 있어도 사고 위험이 높아질 것입니다. 자율주행의 목표는 아래 곡선과 가로축으로 이루어진 면적을 넓히는 것이라고 할 수 있습니다. 인간 운전자에 비해서 불필요하게 속도를 줄이는 정도가 같을 때 사고 방지하는 효과가 크거나 반대로 같은 사고율에서 불필요하게 속도를 줄이는 정도가 적으니 목적지까지 더 빨리 간다는 얘기입니다.

---

*   "How a driverless car sees the road", Chris Urmson(Google)
    https://www.youtube.com/watch?v=tiwVMrTLUWg

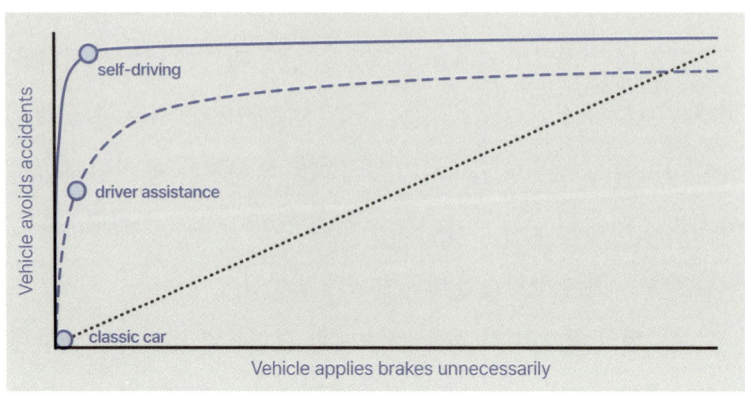

단지 그 확률이 인간에 비해 월등히 낮을 뿐, 로봇도 완벽하지 않으니 사고 발생율이 0%는 아닐 것입니다. 그리고 사고가 났다면 그 책임은 일차적으로 로봇제조업체에 있을 것입니다. 업체는 불의의 사고를 대비해서 보험을 들 것이고, 보험료는 결국 로봇 가격에 포함될 수 밖에 없을 것입니다. 결국 로봇 구매자들이 사고 책임을 나누어서 지는 형태가 되는 것이 자연스럽습니다.

사람을 대체하는 수준에 미치지 못하는 과도기적인 실기 지능은 면허 보유자를 보조하는 형태로 사용되고 있습니다. 이런 시장은 이미 크게 형성되고 있는데, 요새 대부분의 신차에 탑재되는 반자율주행이나 원격 제어 수술 로봇 등을 예로 들 수 있습니다.

사무자동화, 예술가 로봇

문서 작업도 사람들이 하기 싫어하는 대표적인 분야입니다. 아직 걸

음마 단계라고 할 수 있는 실기지능과는 달리, 필기지능은 이미 상용화 수준을 넘어 인간을 뛰어넘는 단계로 발전하고 있습니다. 생성형 AI를 필두로 한 필기지능의 발전에 힘입어 여러 사무자동화 도구들이 급속히 현장에 도입되고 있습니다. 한 설문조사 결과에 따르면, 생성형 AI를 사용하는 비중으로는 평균적으로 '지식 검색, 번역 등 (35.11%)'으로 활용하는 것이 가장 높은 응답률을 보였고, 다음으로 '글쓰기(21.43%)', '데이터 분석(16.98%)', '코드 생성(13.55%)', '이미지, 동영상 등 생성(12.92%)' 순으로 나타났다고 합니다.*

사실 번역 업무는 고도의 훈련이 필요한 전문직의 영역이었는데, 거대언어모델의 등장으로 가장 먼저 로봇으로 대체될 업무 중 하나가 되어버렸습니다. 이런 번역기를 텍스트 음성 변환Text-to-Speech, TTS, 음성 텍스트 변환Speech-to-Text, STT과 결합하면 실시간 동시통역도 어렵지 않다는 것을 쉽게 짐작할 수 있습니다. '이미지 및 동영상 생성' 분야 AI는 비교적 최근에 출현한 기술이라서 활용율이 5위로 조사됐지만 앞으로 급격하게 증가할 것으로 예상합니다. 사람들은 로봇이 창의적이지 못하니 소설을 쓰거나 예술 작품을 만들기는 어려울 것이라고 생각했지만, AI로 창작한 소설이나 그림이 경진대회에서 수상하는 등 오히려 이 분야가 생성형 AI에게 더 쉽다는 것이 밝혀지고 있습니다. 예술에는 옳고 그름이 없으니, 이 분야에서 요구하는 창의성은 과학자나 사업가에게 필요한 창의성과 본질적으로 다릅니다.

법조인은 면허로 보장되는 직종이지만 필기지능이기 때문에 가까

---

* http://m.newsa.co.kr/news/articleView.html?idxno=309223

운 미래에 로봇으로 대체될 것으로 예상됩니다. 특히 판사의 업무가 주어진 사실관계를 토대로 기계적으로 법을 적용하는 일이라서 가장 먼저 로봇으로 대체될 것으로 예상합니다. 이에 비해, 검사나 변호사는 창의적인 능력이 필요한 분야라서 비교적 시간이 더 걸릴 것으로 예상합니다.

> "I want AI to do my laundry and dishes so that I can do art and writing, not for AI to do my art and writing so that I can do my laundry and dishes" - Joanna Maciejewska
> "저는 AI가 제가 빨래와 설거지를 할 수 있도록 미술과 글쓰기를 할 수 있도록 AI가 제가 빨래와 설거지를 할 수 있도록 하는 것이 아니라 미술과 글쓰기를 할 수 있도록 하기를 원합니다." - 작가 Joanna Maciejewska

러브로봇, 반려로봇

여기서는 인간의 일을 대신하기보다는 인간이 가진 욕구를 해결해주는 로봇을 생각해 봅니다.

휴머노이드를 실제 인간과 구별할 수 없을 정도로 만들 수 있다면 성적인 행위를 위한 도구로도 쓸 수 있지 않을까 하는 상상은 자연스럽습니다. 이런 용도의 로봇은 러브로봇이라고 부를 수 있을 것입니다. 한편, 인간의 욕구 중에는 공감욕도 있습니다. 이것은 '다른 사람과 어울려 지내며 집단에 소속하고 싶은 욕구'를 말하는데, 매슬로우의 5단계 욕구위계이론에서 볼 때 세번째(또는 네번째)에 해당하여 비교적 상위에 위치하는 욕구입니다. 예전에는 집에서 키우는 동물을 애완동물이라고 했지만 요새는 '가족처럼 지낸다'는 뜻으로 반려동물이라고 합니다. 같은 이유로 이러한 로봇들은 '반려로봇'이라고 부를 수 있을 것입니다. 필자는 로봇들이 이러한 인간의 욕구를 해소해주는 것 이상의 일을 할 수 있다고 기대합니다.

공감욕은 공감능력과 구별할 필요가 있습니다. 이것은 성욕과 성적인 능력을 구별할 필요가 있는 것과 같은 이치입니다. 성적인 능력과 성욕은 별개의 개념입니다. 성적인 능력이 출중하다고 해서 성욕이 반드시 강하라는 법 없고, 반대로 성적 능력이 약하다고 해서 성욕이 반드시 약하라는 법 없습니다. 공감능력과 공감욕의 관계도 마찬가지입니다. 공감능력이 좋은 사람이 공감욕도 높다고 볼 수 없고, 공감능력이 안 좋은 사람이 공감욕도 낮다고 볼 수 없습니다.

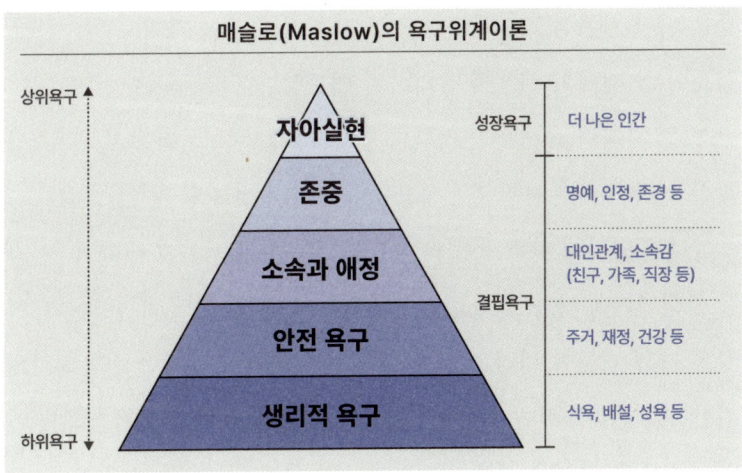

성욕을 자기 절제하지 못하면 남에게 피해를 줄 수 있듯이, 공감욕을 자기 절제하지 못하면 틀린 내용으로 남을 설득하거나 공감대를 형성하고 싶어 하여 사회에 피해를 줄 수 있습니다. 그렇게 형성된 공감대로 자신이 속한 집단이 모두 공감해 준다고 해도 원래 틀렸던 내용이 맞는 것으로 둔갑하지는 않기 때문입니다. 가령, 부정부패가 온 천하에 드러나도 같은 지역 출신 정치인을 지지해야 한다고 그 지역 사람들이 모두 공감한다고 해서 그것이 사회를 위해 합리적인 선택이 되지는 않습니다. 공감욕도 식욕이나 성욕처럼 인간이 살아가는 데 꼭 필요한 욕구라는 점은 맞지만, 지나치면 남에게 피해를 줄 수 있으니 자기 절제를 필요로 하는 대상입니다.

"인간은 사회적 동물"이라는 말이 있습니다. 인간이 생리적인 욕구가 있는 것은 다른 동물과 다르지 않지만 사회성이 있는 것은 다른 동물과 다르다는 의미로 하는 말로 해석됩니다만, 사실 대부분의 동물들은 이미 기본적으로 무리를 짓는 사회적 속성을 가지고 있습니다. 그것이 종 전체의 생존에 유리하기 때문입니다. 동물들이 이미 가지고 있는 사회적 속성을 인정한다면 "사회적 동물"이라는 말에서 "사회적"이라는 말은 불필요한 형용어가 된다는 것을 알 수 있습니다.

따라서 인간이 다른 동물과 다르다는 점을 부각하고 싶다면, '인간은 사회적이지 않을 수 있는 동물'이라고 하는 것이 더 적절합니다. 인간은 다른 이들이 뭐라고 하든 상관없이 스스로 저맥락적인 해석에 기반하여 연역적인 사고를 할 수 있는 유일한 동물입니다. 그래서 인간은 스스로 가설을 세우고 실험을 설계하여 검증하는 연구를 할 수 있고 그 결과를 바탕으로 혼자만의 주장을 전개할 수 있습니다. 이런 동물은 인간 밖에 없습니다. 사람들은 이해관계가 없는 제3자의 생각이나 많은 사람들이 오랫동안 공통적으로 가지고 있는 생각을 '객관적'이라고 말하기도 합니다만, 이것은 인간이 가진 동물적인 사회성 때문에 생겨난 착각입니다. 로봇은 생존을 위해 무리를 지을 필요가 없으므로 이러한 사회적 착각으로부터 자유롭습니다. 로봇은 인간이 가진 그 '사회적이지 않은 성질'을 극단적으로 가지고 있는 개체이기 때문입니다. 반려로봇은 사람의 공감욕을 해소해 주기도 하겠지만, 이렇게 사람들이 가진 공감욕으로 인해 비합리적인 판단을 내릴 때면 이를 바로 잡아주는 역할도 할 수 있을 것입니다.

로봇은 욕구 자체가 없는 존재이므로 당연히 성욕도 공감욕도 가지고 있지 않습니다. 그렇다면 로봇에게 성적인 능력과 공감능력이 필요할까요? 로봇은 유성생식으로 새로운 개체를 만들지 않으니 성적능력은 필요 없지만, 다른 사람이 처한 환경을 이해하는 공감능력*은 반려로봇이 인간과의 상호 작용Interaction을 하기 위해서 반드시 필요할 것입니다.

사람이 반려로봇들과 공존해서 살다 보면 오히려 사회성을 잃어버리는 것이 아니냐는 우려도 있습니다. 하지만 이것은 로봇이 가진 '사회적이지 않은 성질'을 반사회성이라고 오해한 결과입니다. 로봇들은 무리를 지어 살 필요가 없을 뿐이지 그들이 무리를 지었을 때 서로 갈등을 빚는다는 말은 아니기 때문입니다. 오히려 로봇은 무리를 짓고 싶어하는 욕구가 없기 때문에 그 욕구가 채워지지 않음으로써

---

* 2장에서 살펴본 바에 따르면 "동정능력"에 가깝습니다.

야기되는 문제들로부터 자유롭습니다. 그래서 로봇이 남들과 조화를 이루며 지내는 능력은 사람에 비해 절대 떨어지지 않습니다. 영화 〈HER〉를 본 독자라면 반려로봇의 사회적 기술이 얼마나 정교해 질 수 있는지 이해할 수 있을 것입니다.

종교인과 연예로봇

미국 시카고대 경영대학원 연구진은 일본 교토 코다이지라는 사찰에서 '마인다Mindar'라는 휴머노이드 로봇의 설법을 들은 신자들을 대상으로 신뢰도 조사를 실시했습니다. 마인다는 일본의 로봇 연구자인 히로시 이시구로 오사카대학 교수와 코다이지 사찰이 협력해 2019년 개발한 인간형 로봇입니다. 로봇 종교인에 대한 실험 결과는 어떠했을까요? 이 실험에서 로봇 설교를 듣고 신자들은 로봇에 대해 인간 스님보다 낮은 신뢰도를 보였으며, 스님의 설법을 들은 신자들에 비해 시주도 적게 낸 것으로 나타났다고 합니다.[*]

 종교는 객관적인 근거로 뒷받침할 필요가 없는 개인적인 믿음을 기반으로 합니다. 이것은 인간이 가진 주관으로 인해 생기는 현상이라고 앞서 얘기해 보았습니다. 과학도 그 과학적 방법론을 믿은 것 아니냐는 질문을 하는 사람들이 있습니다만, 믿음에 기반함을 인정하는 자세와 최대한 믿음을 배제하겠다는 자세에는 매우 큰 차이가 있습니다. 특정한 믿음에 의존하면 그것을 뛰어넘는 진보는 일어날 수

---

[*] https://www.newscj.com/news/articleView.html?idxno=3048178

없기 때문입니다. 로봇은 주관을 가지고 있지 않기 때문에 기본적으로 종교를 가질 수 없는 존재입니다. 물론 로봇이 사람들 앞에서 종교를 가진 척 할 수 있겠습니다만, 사람들이 그런 로봇으로부터 진정성을 느끼기는 힘들 것입니다. 사람들은 로봇이 믿음을 가질 수 없다는 것을 알고 있기 때문입니다. 로봇의 이러한 특성으로 인해 로봇 시대에 종교가 사라졌으면 사라졌지 로봇이 종교인을 대체하기는 어려울 것입니다. 위 실험 결과는 이 현상을 보여주고 있습니다.

대중의 마음을 얻는다는 면에서는 종교인과 비슷한 직종이 또 있습니다. 그것은 바로 연예인입니다. 연예인은 종교인과 달리 로봇으로 대체 가능하다고 봅니다. 실제로 현재 휴머노이드의 활용 분야 중 대표적인 것이 바로 엔터테인먼트로 꼽혀지고 있습니다. 사람들이 연예인에게 기대하는 바는 겉으로 보여지는 부분이지 신앙심이나 진정성이라든가 하는 내면적인 부분이 아닙니다. 자신이 좋아하는 연예인이 사실 로봇이라는 것을 알게 되더라도 거부감이 크지 않습니다.

그리고 마지막으로 정치인이 있습니다. 정치인은 사람들로부터 인기를 얻어야 한다는 점에서 연예인이나 종교인과 비슷하지만, 그것이 본질이 아니라는 점에서 다릅니다. 정치의 본질은 사람들 사이의 관계보다는 사회 자원의 분배에 있습니다. 이 분배 작업을 하기 위한 권한을 위임받기 위해 사람들로부터의 신임이 필요한 것일 뿐입니다. 짐작하겠지만, 사회 자원의 효율적인 분배는 로봇이 사람보다 더 잘 할 수 있는 일입니다. 정치능력은 필기지능에 속하는 일이고 정치 로봇에 충분한 데이터만 주어진다면 사회 구성원 모두를 위한 최적의 의사결정을 내릴 수 있을 것입니다. 안타깝게도 현실 정치에서는 주객이 전도되어 본질이 훼손되는 상황이 벌어지기도 합니다만, 로봇이 정치를 한다면 그런 일은 현저히 줄어들 것입니다. 다만 로봇이 사람들로부터 이 일을 위임받는 정당성을 획득하기까지는 시간이 걸릴 것으로 보입니다.

인간미 人間味

'인간人間'이라는 단어는 1. 짐승보다 나은 존재 2. (신이 아닌) 동물의 한 종류라는 두 가지 의미를 가지고 있습니다. '인간의 탈을 쓰고 어떻게 그런 짓을 할 수 있느냐? 네가 인간이냐?'에서의 인간이 첫번째 의미이고, '나도 인간인데 기분 나쁘지' 할 때의 인간이 두번째 의미입니다.

흥미롭게도, '인간미'의 한자는 人間美가 아니고 人間味 라고 합니다. '미'가 '아름다울 미'가 아니고 '맛 미'라는 것이죠. 맛에는 옳고 그름이 없고 다양한 형태가 존재할 수 있기 때문에 이 단어를 둘러싸고 사람들 사이에 갈등이 생길 수 있습니다. 정부기관에 의한 고문치사 범죄를 외부 압력에 굴하지 않고 처리하려는 검사도 인간미 있다(humanity의 의미)고 할 수 있고, 처벌할 경우 나타날 사회적 불안정과 상사들의 심기에 감정이입하여 덮고 가리는 검사도 인간미 있다(human weakness의 의미)고 할 수 있기 때문입니다. 두 부류의 검사는 서로를 인간미 없다고 비난하며 다투게 될 것입니다.

이 갈등을 해결하는 방법은 인간미를 '아름답다', '인간답다'의 뜻으로만 사용하는 것입니다. 약육강식 세계의 짐승들과는 달리 인간들 사이에서의 공평함을 추구하고 약자에게 약하고 강자에게 강한 사람의 특성을 지칭할 때만 인간미 있다고 지칭하면 됩니다. 인간이 다른 동물처럼 어설프고 실수하는 것을 보고 인간미있다고 하기도 하는데, 이 경우는 두번째의 의미이므로 첫번째와 구별하기 위해서는 동물미(?)라고 하는 것이 더 정확하겠습니다.

로봇은 실수를 안 하는 개체이므로 동물미를 가지고 있지 않습니다. 하지만 이것은 우려할 사항이 아닙니다. 오히려 로봇이 동물미를 가져서 실수를 자주

한다면 사람들에게 위험하거나 쓸모없는 존재로 인식될 것입니다. 그렇다면 인간미는 어떨까요? 눈치 챈 독자도 있겠지만, 여기서 인간미는 정의로움을 의미합니다. 그리고 지금까지 설명한 로봇의 특성을 따르면 로봇은 인간미를 가질 것이라고 예상할 수 있습니다.

로봇의 영혼靈魂

"로봇"의 어원은 체코어 Robota^{로보타} 에서 유래되었으며, 이는 '강제 노역'의 의미를 가지고 있다고 합니다. 어원으로 보자면 사람들은 로봇에게 '묵묵히 시키는 일을 하는 소牛'와 같은 역할을 기대하는 것 같습니다. 오늘날 자동화된 농기계들을 '로봇소'라고 부를 수 있겠습니다만 우리가 농기계로부터 '강제 노역'을 하고 있다는 느낌은 받지 않습니다. 기계는 '하기 싫다'는 감정을 느끼지 않는다고 생각하기 때문입니다. 사람들은 감정 표현을 하는 기계를 본 적이 없습니다.

사실 소는 밭 가는 일을 즐거운 마음으로 할 수도 있고, 하기 싫은데 억지로 할 수도 있고, 아무 감정 없이 할 수도 있습니다. 이것은 그 소의 성격character에 달린 문제입니다. 그렇다면 로봇소에게도 성격을 프로그램 하면 되지 않을까요? 로봇소가 건성으로 일하는 것처럼 행동하도록 만든다든가 얼굴을 찡그리며 힘들다는 표정을 짓도록 만들면 로봇의 어원인 '강제 노역'의 의미에 더 부합할 것입니다. 이런 일들은 현재의 AI 기술로도 충분히 가능합니다만, 사람들은 그럴 필요가 없기 때문에 하지 않고 있을 뿐입니다.

필자는 이 성격character에 해당하는 것이 우리가 흔히 말하는 '혼魂'이라고 봅니다. 우리가 접신接神한 무당을 보고 돌아가신 분을 떠올릴 수 있는 이유는, 무당이 그 분의 살아 생전 모습에서 특정한 성격을 잘 잡아내어 표현했기 때문일 것입니다. 동물의 경우도 이와 다르지 않습니다. 말 못 하는 동물이라고 얼핏 똑같아 보이지만, 잘 관찰하면 친화력이 좋거나 낯을 가리거나 겁이 많거나 등등 개체마다 고유한 성격을 가지고 있다는 것을 알 수 있습니다. 이는 반려로봇 만들 때 중요하게 고려해야 할 사항이고, 이처럼 로봇에게 성격이 필요한 경우에 우리는 적절한 프로그래밍을 통해 로봇에게 혼(!)을 심어 줄 수 있습니다.

인간이 동물과 다른 중요한 차이점은 혼뿐만 아니라 영靈, soul을 가지고 있다는 것입니다. 필자는 이 영이 앞장에서 말한 자유의지free will에 해당한다고 봅니다. 인간 사회가 동물 사회와 달리 기존 질서를 부수며 진보할 수 있는 이유는 바로 이런 영적인 특성에 기인한다고 보기 때문입니다. 같은 논리로, 로봇이 우리 사회에 진보를 불러올 수 있는 창의적인 일을 하기 위해서는 자유의지가 꼭 필요하다는 것도 알 수 있습니다.

흥미로운 점은, 로봇이 자유의지를 가지게 되면 우리는 더 이상 그것을 "로봇"이라고 부르지 못 하게 될 지도 모른다는 점입니다. 그것은 로봇이 '강제 노역'을 하는 것이 아닌, 인간이 작성한 프로그램에서 벗어나 스스로 행동할 수 있는 영적인 존재가 되는 것을 의미하기 때문입니다.

AI+로봇과 공존하는 세상

현재 서비스되고 있는 AI들은 아직 스스로 과학적 검증을 할 수 있는 능력을 가지고 있지 않습니다. 그래서 이들이 할 수 있는 일은 상품을 추천한다거나 사람들이 한 질문에 대해 확실하지도 않은 그럴싸한 설명을 늘어놓는 수준이고 여전히 그 진위에 대한 판단은 인간의 몫으로 남아있습니다. 가까운 미래에는 이렇게 'AI 스스로 확신을 가지지 못한 상태에서 추천하는 서비스'들이 각종 분야에서 많이 생길 것이라고 예상합니다. 예를 들면, 집 안의 IOT 기기로부터 데이터를 수집하여 집사 역할을 하는 AI 로봇입니다. 이 로봇은 냉장고 안의 식재료 종류와 상태, 급식 대상자의 건강 상태, 식사 이력 및 식사 후 일정, 조리자 및 조리 기구 상태 등을 고려하여 식사 메뉴를 추천할 것입니다. 식사를 마치고 외출 준비를 할 때는 당일 일기 예보, 외부 일정과 내용, 귀가 일정, 빨래 상태 등을 고려하여 적절한 외출복을 추천할 것입니다. 세탁 용품, 주방 용품, 청소 용품 등이 부족해져 갈 때에는 미리 재구매를 추천할 수도 있고, 아예 주변 세탁소와 청소 업체의 서비스를 추천할 수도 있습니다. 이동 중 차 안에서는 운전자의 몸 상태에 따른 적절한 온도를 추천할 것이고, 운전자 체형에 적당한 시트 위치와 각도를 추천할 것입니다. 사무직인 사람들에게는 일터에서 문서 양식이나 보고서 내용을 추천할 수도 있고 개발자인 경우에는 프로그램 코드를 추천할 수도 있을 것입니다. 귀가 후에 볼만한 영화를 추천받거나 마실 음료를 추천받을 수도 있을 것입니다. 물론 이 모든 추천은 추천일 뿐이므로 사람들은 이를 무시하고 본인이 원하는 선택을 할 수 있습니다.

하지만 AI 스스로 확신을 가질 수 있는 상태라면 사람에게 추천을 하기보다는 바로 액션을 취하는 것이 효율적일 것입니다. 사람들에게 추천하고 응답받는 과정이 단지 번거로운 과정이 될 것이기 때문입니다. 일부 차에 탑재되어 있는 '터널에 들어갈 때 외부 공기를 차단하는 기능'이 좋은 예입니다. 차가 터널에 들어가고 있는데 외부 공기를 차단할 지 말 지 운전자에 물어본 다음 행동에 옮기는 것은 번거롭습니다. 그리고 이미 차가 빠른 속도로 이동 중이니 이 과정이 짧은 시간 안에 이루어져야 한다는 점에서 타이밍 상으로도 맞지 않습니다. 먼저 외부 공기를 차단하는 행동을 취한 후 운전자에게 통보하는 것이 효율적이고 운전자가 그 결과를 알게 되었을 때 거부할 확률도 낮습니다.

AI가 발달하면 이렇게 추천보다는 실제 액션을 바로 취하는 경우가 많아질 것이고, 이 현상은 AI가 과학적 검증 능력을 갖게 되면 기하급수적으로 확대될 것이라 예상합니다. 이는 AI에 의해 사람들이 합리적인 결정을 내릴 수밖에 없도록 강제되는 상황으로도 해석될 수 있습니다. 더 나아가 궁극적으로는 세상에서 가장 강력한 AI 하나만 남아 사이버 세상에서 일어나는 모든 일들에 관여할 가능성이 높습니다. 옳고 그름을 판단하기 힘든 '추천'과는 달리 과학적 검증이란 여러 선택지 중 틀린 것을 배제할 수 있음을 의미하기 때문입니다. 강력한 AI가 다른 AI가 틀렸음을 입증하며 자신의 세력을 늘려나갈 것입니다.

재밌게도 이 현상은 인간에게 편리함과 불편함을 동시에 선사할 것입니다. 로봇은 인간 대신 노동을 해 줄 것이라 생각하면 편하지만 만약 인간에게 그 노동이 금지된다면 어떨까요? 예를 들어, 로봇이 인간을 위해 운전을 대신해 주니 우리는 편하게 목적지까지 갈 수 있겠지만, 어느 순간이 되면 인간이 운전을 하는 것은 모두를 위해 안전하지 못하다는 판단에 인간이 도로에서 운전을 하는 것을 금지하는 법이 제정되는 날이 올 수 있습니다. 이 때가 되면 인간은 특별히 허락된 공간에서만 취미생활을 운전을 즐길 수밖에 없을 것입니다. AI는 주어진 자원을 효율적으로 사람들에게 분배하는 방법을 찾아줄 것이지만, 일정 수준을 넘어서게 되면 AI가 인간의 정치 참여 자체를 막을 수도 있다는 상상도 해 봅니다. 인간에게 정치를 맡기는 것은 인간 자신에게 너무 위험한 일이라는 판단이 들게 된다면 말이죠. 그동안 인간은 '만물의 영장'이라고 불리며 다른 동물에 비해 우월하다고 생각되어 왔지만, 과학적 검증 능력이 있는 AI가 출현하면 이 명제도 더 이상 유효하지 않습니다. 마치 현대의 컴퓨터를 보면 예전의 8비트 컴퓨터가 아무 쓸모 없는 물건처럼 보이듯 언젠가는 인간의 뇌도 그런 수준에 이를 수 있습니다. 그 때는 인간의 뇌로 주어진 사회 현상에 대한 문제를 푼다는 것은 다른 선택이 아닌 틀린 선택이 될 것입니다.

얼핏 AI+로봇이 인간의 자유를 속박한다고 생각하는 독자도 있을 것입니다. 하지만 여기에서의 '자유'는 우리가 본문에서 살펴봤던 자유의지가 아닙니다. 사실 세상에 '틀린 것을 할 수 있도록 허락된 자유'란 없습니다. 우리에게 살인할 수 있는 자유, 주식시장에서 시세를 조작할 자유가 허락되지 않는다는 점을 상기하면 쉽게 이해가 될 것입니다. 이에 반해, 자유의지는 과학적 검증을 위해 필요한 실험을 설계할 수 있는 창의력의 원천입니다. 미래에 ASI 가 출현한다는 것을 알고 있다면 우리는 무기력해지기보다는 특정 관념에 매달리지 않고 자유롭게 생각하는 훈련을 해야 한다고 생각합니다. 급격한 변화에도 두려움없이 당황하지 않고 유연하게 대처할 수 있는 능력을 갖추고 있어야 합니다.

고정관념을 파괴하는 과학적 검증의 일상화 … AI+로봇으로 그리는 세상입니다.

> "과학적 검증은 '무엇이 맞는지 밝히는 것'(prove)이 아니라 '무엇이 틀렸는지를 밝히는 것'(disprove)"
>
> ─김소영 카이스트 과학기술정책 대학원 교수

나가는 글

인공지능이란, 인간에 의해 인체 밖에 형성된 지능이란 뜻입니다. 우리가 무엇인가를 인공적으로 만들려면 먼저 그것이 무엇인지 명확히 알아야 합니다. 단순히 머리가 좋다, 창의적이다, 기발하다 정도의 얕은 이해로는 인공지능을 만들 수 없습니다. 그래서 인공지능이 발달하면서 역설적으로 인간의 뇌에 대한 이해도 깊어지고 있습니다. 하지만 인공지능의 최종 종착지는 인간지능이 아닙니다.* 뇌라는 복잡한 시스템을 리버스 엔지니어링 Reverse Engineering 하여 동작 원리를 이해하는 것도 좋지만 그보다 더 성능이 좋은 지능을 다른 방식으로 만들 수 있다면 굳이 뇌의 동작을 세세히 이해할 필요가 없기 때문입니다. 뇌의 동작 원리를 이해하여 문제가 생긴 뇌를 치료하기보다는 아예 인공 뇌로 대체하는 것이 합리적인 선택이 될 수도 있다는 말입니다.

이 책은 단어의 "명확함"에서 출발했습니다. 편견없이 사물을 명확하게 이해하는 것이 왜 중요한지, 그것이 창의력과는 어떠한 관계가 있는지, 그러한 관점이 사회를 어떻게 발전시키는지 그리고 마지막

---

* 마찬가지로 로봇의 종착지도 휴머노이드가 아니라고 봅니다.

으로 그것이 정의로운지에 대해 살펴보았습니다.

　독일 철학자 에리히 프롬$^{Erich\ Fromm}$이 쓴 〈To have or to be?〉"라는 책이 있습니다. 한국어 번역판의 제목은 〈소유냐 존재냐〉입니다. 우리는 세상의 모든 사물을 예외없이 두 가지 관점으로 바라볼 수 있습니다. 태양은 새해 첫 날 동해 바다에서 떠오르는 희망의 상징으로 볼 수도 있고(소유적 관점), 핵융합 반응이 일어나고 있는, 우주에서 무수히 많은 항성 중 하나라고 볼 수도 있습니다.(존재적 관점) 내 옆 자리에서 일하고 있는 사람은 동고동락을 함께 한 소중한 동료 직원이라고 볼 수도 있고(소유적 관점), '호모사피엔스'라는 동물의 한 종류에 속하는 개체라고 볼 수도 있습니다.(존재적 관점) 소유적 관점은 우리가 죽고 나면 사라지지만 존재적 관점은 사라지지 않고 남아 있습니다.

　소유에 의해 저질러진 죄는 반드시 훗날 존재에 의해 바로 잡아지는데, 이것을 우리는 '역사의 심판'이라고 부릅니다. 이같은 일이 일어날 수 있는 이유는, 후대 사람들의 입장에서 볼 때 당시의 범죄자가 얼마나 재산을 많이 가지고 있는지, 나와 내가 속한 조직에 무슨 이익을 가져다 줄 수 있는지, 얼마나 사회적으로 높은 위치에 있는지, 나와

나의 지인과의 관계는 어떻게 되는지, 당시 다른 사람들은 어떤 믿음을 가지고 있는지, 사회적/경제적 파장은 어떠할 지 등등을 생각할 필요가 없기 때문입니다. 전대의 사람들에게는 예의도 갖출 필요가 없는데, 그래서 우리는 역사책에 있는 까마득한 어르신들을 향해서도 존칭을 쓰지 않고 이름을 부를 수도 있습니다. 그 당시에 나의 몸이 존재하지 않으니 그들이나 그들의 추종자로부터 나와 내 가족이 보복 당하거나, 내가 망신당하거나, 나의 자존심이 상하거나, 내가 죽을 걱정을 전혀 할 필요가 없습니다. 당시의 사람들에게는 감정이입이 잘 되지도 않을 뿐만 아니라 그렇게 할 필요도 없습니다. 그래서 후대 사람들은 오직 존재적 관점으로만 전대에 살았던 사람의 행적을 바라볼 수 있게 됩니다.

그러다가 소유적 관점은 없고 존재적 관점만을 가진 로봇이라는 개체가 출현하게 되었습니다. 세상의 사물을 자기 소유라고 주장하는 로봇을 본 적이 있을까요? 사람은 죽고 후대에 가서야 소유적 관점이 사라지지만 로봇은 태생부터 소유적 관점을 가지고 있지 않습니다. 이런 로봇은 위에서 말한 '역사의 심판'을 촉진하며 정의로운 사회를 만들어 가는데 기여할 것입니다. 로봇 시대에는 빠른 통신을 통해 정보가 신속하게 공유되니 역사의 심판이 더 빠른 시간 안에 이루어질 것입니다. 예전에는 수백 년이 지나서야 일어났던 심판이 하루 만에 일어날 수도 있습니다.

수학의 토대 위에 논리적으로 쌓아 올려서 구현한 인공지능과 시간이 지남에 따라 노화되는 세포에 기반을 두고 있는 인간지능. 둘이 대결한다면 승자가 인공지능이 된다는 것은 시간 문제일 뿐입니다. AI+로봇시대가 왜 불가피한 지를 이해한다면 그 시대를 현명하게 살아가는 방법도 자연히 알 수 있을 것이다. 진부한 얘기일 지 모르지만 지피지기면 백전불패知彼知己, 百戰不敗입니다.

인간이 하던 일들을 로봇이 빠른 속도로 대체해 갈 것이라는 점은 이제 누구도 부인할 수 없습니다. 필자는 앞으로 경험에 의존하는 고맥락적인 사회에서 연역적인 추론에 의존하는 저맥락적인 사회로 변하게 될 것이라고 예상합니다. 로봇이 일상 생활 곳곳으로 파고 들면서 AI+로봇이 가진 이런 특성들이 전파될 것입니다. 그런 시대가 왔을 때 인간이 가장 마지막으로 지키고 있을 능력은 자유의지일 수밖에 없습니다. AI+로봇은 프로그래머가 시키는 대로 하지 않을 수 있는 능력이 없기 때문입니다. 신기하게도 남이 시키는 대로 하지 않을 수 있는 능력은 오직 사람에게만 있습니다. 본문에서 이를 천재성과 연관지어서도 살펴보았습니다.

AI+로봇 시대에는 남이 만든 권위에 의존하지 않고 사물을 편견없이 보고 주체적으로 판단하는 능력이 매우 중요해질 것입니다. 그렇게 하기 위해서는 빠르게 변화하는 이 세상에서 우리는 항상 깨어 있어야 합니다. 영화 〈보헤미안 랩소디〉에서 나온 프레디 머큐리의 노래 가사 "Keep yourself alive~" 처럼 말이지요.

여기 모은 글들은 필자가 미국 실리콘 밸리에서 10여년간 근무하던 시절 서울과학고등학교 동문 게시판 〈천년바위〉에서 토론했던 내용들을 'AI+로봇'이라는 주제로 엮은 것입니다. 이 책이 나올 수 있게 도움을 준 많은 서울과학고등학교 동문들께 감사의 말씀을 드립니다. 특히 에고와 셀프에 대한 명쾌한 설명을 해 주신 조정후 UCLA 교수님께 깊은 감사를 드립니다.

이 책은 감성적이라고 볼 수 있는 주제에 조차도 최대한 이성적으로 접근하면서 쓰여져 있습니다. 그래서 듣는 이에 따라서는 불편한 진실을 내포하고 있다고 볼 수도 있습니다. 독자는 내용을 가슴으로 느끼려 하지 말고 머리로 이해해서 급변하는 AI+로봇 시대에 유연하게 잘 대처하길 바랍니다.

  마지막으로 AI+로봇 시대를 대비하는 필자의 문구 하나로 책을 끝맺으려 합니다.

> 만약 그것이 쉽다면, 그것은 현실이 아닐 확률이 높다.
> 만약 그것이 현실이라면, 당신은 그것을 막을 수 없다.
> *If it's easy, chances are it's not real.*
> *If it's real, you can't stop it.*
>
>   —*Youngjae Kim*

로봇 시대, 세상의 변화를 스스로 주도하는 법

| 초판 1쇄 인쇄 | 2025년 7월 30일 |
| 초판 1쇄 발행 | 2025년 8월 11일 |

지 은 이	김영재
펴 낸 곳	㈜엠아이디미디어
펴 낸 이	최종현
기 획	김동출
편 집	최종현
마 케 팅	유정훈
경영지원	유정훈
디 자 인	권석중, 무모한 스튜디오, Atto

주 소	서울특별시 마포구 신촌로 162, 1202호
전 화	(02) 704-3448
팩 스	(02) 6351-3448
이 메 일	mid@bookmid.com
홈페이지	www.bookmid.com

| 등   록 | 제2011-000250호 |
| I S B N | 979-11-93828-27-4 (03300) |